民國歷史與文化研究

初 編

第 **30** 冊

民國時期中國考試制度的轉型與重構（下）

胡向東 著

花木蘭文化出版社

國家圖書館出版品預行編目資料

民國時期中國考試制度的轉型與重構（下）／胡向東 著 — 初
版 — 新北市：花木蘭文化出版社，2015〔民 104〕
目 6+150 面；19×26 公分
（民國歷史與文化研究 初編；第 30 冊）
ISBN 978-986-404-166-4（精裝）
1. 考試制度 2. 民國史
628.08   103027677

ISBN-978-986-404-166-4

9 789864 041664

民國歷史與文化研究
初　編　第三十冊   ISBN：978-986-404-166-4

民國時期中國考試制度的轉型與重構（下）

作　　者　胡向東
總 編 輯　杜潔祥
副總編輯　楊嘉樂
編　　輯　許郁翎
出　　版　花木蘭文化出版社
社　　長　高小娟
聯絡地址　235 新北市中和區中安街七二號十三樓
　　　　　電話：02-2923-1455／傳眞：02-2923-1452
網　　址　http://www.huamulan.tw 信箱 hml810518@gmail.com
印　　刷　普羅文化出版廣告事業
初　　版　2015 年 3 月
定　　價　初編 32 冊（精裝）台幣 56,000 元

民國時期中國考試制度的轉型與重構（下）

胡向東　著

目

次

上 冊

嚴序 嚴昌洪

引 言 ………………………………………………………… 1

　一、問題的提出 …………………………………………… 1

　二、學術史的回顧 ………………………………………… 4

　三、研究思路 ……………………………………………… 7

　四、研究方法和論域界定 ………………………………… 12

第一章　考試制度從傳統向現代轉型的歷史文化
　　　　淵源 …………………………………………… 15

　第一節　科舉承載的功能及其面臨的衝擊 …………… 15

　　一、科舉制度的功能和效應 …………………………… 15

　　二、科舉面臨的危機 …………………………………… 23

　第二節　科舉自身的僵化 ……………………………… 28

　　一、考試科目：由多樣到單一 ………………………… 28

　　二、考試標準：從「衡人」到「衡文」 ……………… 33

　　三、考試內容：自文學到經文 ………………………… 35

　　四、考試目的與方法：追求公平與反噬自身

　　　　 ………………………………………………………… 38

　　五、考試風氣：道高一尺，魔高一丈 ………………… 43

　第三節　對科舉的補苴改廢和學堂考試、留學考
　　　　　試的興起 ……………………………………… 46

一、晚清科舉的改革與停廢 ⋯⋯⋯⋯⋯ 47

二、洋務派學堂考試的探索與興起 ⋯⋯ 51

三、新式學堂考試的實施 ⋯⋯⋯⋯⋯⋯ 56

四、留學考試的產生與發展 ⋯⋯⋯⋯⋯ 62

第二章　民國考試制度文化創新發展的思想基礎 73

第一節　近代社會人才觀與考試觀的演變 ⋯⋯ 73

一、科舉時代的人才觀 ⋯⋯⋯⋯⋯⋯⋯ 74

二、科舉時代的考試觀 ⋯⋯⋯⋯⋯⋯⋯ 77

三、近代人才觀的轉變 ⋯⋯⋯⋯⋯⋯⋯ 79

四、近代科舉考試觀的嬗變 ⋯⋯⋯⋯⋯ 85

五、民國時期考試觀念和理論的新發展 ⋯ 92

第二節　孫中山的考試思想及其影響 ⋯⋯⋯ 100

一、孫中山的考試思想 ⋯⋯⋯⋯⋯⋯⋯ 101

二、孫中山考試思想的歷史成因 ⋯⋯⋯ 105

三、孫中山考試思想的深遠影響 ⋯⋯⋯ 111

第三節　戴季陶的考試思想述論 ⋯⋯⋯⋯⋯ 114

一、民國考試制度的構劃者和實踐者 ⋯ 114

二、戴季陶的考試思想 ⋯⋯⋯⋯⋯⋯⋯ 116

三、戴季陶與民國考試制度的實施 ⋯⋯ 123

第三章　民國文官考試制度的重構 ⋯⋯⋯⋯⋯ 127

第一節　南京臨時政府、廣州革命政府時期的文
官考試規劃 ⋯⋯⋯⋯⋯⋯⋯⋯⋯⋯ 127

一、南京臨時政府時期 ⋯⋯⋯⋯⋯⋯⋯ 128

二、廣州大元帥府時期 ⋯⋯⋯⋯⋯⋯⋯ 130

第二節　北京政府時期文官考試制度的構建 ⋯ 133

一、確立文官考試制度框架 ⋯⋯⋯⋯⋯ 133

二、外交領事官和司法官考試的「獨立」⋯ 141

三、知事試驗 ⋯⋯⋯⋯⋯⋯⋯⋯⋯⋯⋯ 145

第三節　南京國民政府時期文官考試法規體系的
創建 ⋯⋯⋯⋯⋯⋯⋯⋯⋯⋯⋯⋯⋯ 150

一、考試院的創建及其職能 ⋯⋯⋯⋯⋯ 150

二、考試法規體系的建設與演變 ⋯⋯⋯ 152

三、文官考試任用的主要辦法 ⋯⋯⋯⋯ 163

第四節　南京國民政府時期文官考試制度的實施 164

一、任命人員考試的舉辦情況 ⋯⋯⋯⋯ 165

　　　二、專門職業及技術人員考試的實施 ┈┈┈┈ 168
　　　三、公職候選人考試的推行與廢止 ┈┈┈┈ 169
　　　四、文官考試的分發任用 ┈┈┈┈┈┈┈┈ 170
　　第五節　文官考試的考試學分析 ┈┈┈┈┈┈ 173
　　　一、考試科目與標準 ┈┈┈┈┈┈┈┈┈┈ 174
　　　二、考試內容的更易 ┈┈┈┈┈┈┈┈┈┈ 177
　　　三、試題的難度 ┈┈┈┈┈┈┈┈┈┈┈┈ 181
　　　四、試卷的題型 ┈┈┈┈┈┈┈┈┈┈┈┈ 183

下　冊

第四章　民國教育考試制度的演變與革創 ┈┈┈ 189
　　第一節　教育考試制度框架的確立與考試權的移
　　　　　　易 ┈┈┈┈┈┈┈┈┈┈┈┈┈┈┈ 189
　　　一、民初新教育宗旨的釐定與考試制度的建
　　　　　立 ┈┈┈┈┈┈┈┈┈┈┈┈┈┈┈┈ 190
　　　二、考試權的下移與上收 ┈┈┈┈┈┈┈┈ 192
　　第二節　學校校內考試制度的建立與實施 ┈┈┈ 197
　　　一、北京政府時期的校內考試 ┈┈┈┈┈┈ 198
　　　二、南京國民政府時期的校內考試管理 ┈┈ 207
　　　三、學位制考試的創立 ┈┈┈┈┈┈┈┈┈ 215
　　第三節　入學招生考試的演變 ┈┈┈┈┈┈┈┈ 219
　　　一、北京政府時期的入學招生考試 ┈┈┈┈ 219
　　　二、南京國民政府時期的高校入學招生考試
　　　　　┈┈┈┈┈┈┈┈┈┈┈┈┈┈┈┈┈ 228
　　第四節　畢業會考和學業競試的實驗 ┈┈┈┈┈ 240
　　　一、會考制度實施的背景 ┈┈┈┈┈┈┈┈ 241
　　　二、會考制度的流變 ┈┈┈┈┈┈┈┈┈┈ 245
　　　三、會考的積極影響和消極作用 ┈┈┈┈┈ 250
　　　四、學業競試的創辦 ┈┈┈┈┈┈┈┈┈┈ 255
　　第五節　留學考試的發展 ┈┈┈┈┈┈┈┈┈┈ 259
　　　一、北京政府時期的留學考試 ┈┈┈┈┈┈ 260
　　　二、南京國民政府時期的留學考試 ┈┈┈┈ 266
　　　三、自費留學考試的創辦 ┈┈┈┈┈┈┈┈ 272
第五章　民國考試制度轉型和重構的特徵與啟示 ┈ 275

第一節　民國考試制度轉型的社會因素 …… 275
　　一、民初社會經濟轉型對人才選拔機制的呼
　　　　喚 …… 276
　　二、民初的「國家危機」亟需恢復文官政治
　　　　…… 277
　　三、近代城市變革與職業發展要求重建社會
　　　　分流機制 …… 280
　　四、教育發展和知識階層自我實現的需求 …… 282
第二節　民國考試制度轉型的內在動因 …… 285
　　一、傳統考試文化和民族戀考心理的潛在影
　　　　響 …… 285
　　二、對考試認識的理性回歸 …… 287
　　三、考試體制的變革 …… 289
第三節　民國考試文化的特色分析 …… 290
　　一、守本開新──民國考試中的文化融合 …… 291
　　二、立法行考──民國考試的法制化努力 …… 296
　　三、黨化軍治──民國考試的人治色彩 …… 298
第四節　民國考試制度轉型的歷史評價 …… 305
　　一、民國考試制度轉型的主要成就 …… 305
　　二、民國考試制度轉型的歷史局限 …… 310

結　語 …… 315
　　一、考試是促進社會發展的重要機制 …… 315
　　二、考試制度需要與之相宜的運行環境 …… 319
　　三、加強考試科學化建設，尊重考試發展
　　　　規律 …… 322

主要參考文獻 …… 327

後　記 …… 333

再版後記 …… 337

本文圖表索引
　　表 1-1　歷代科舉科目設置簡表 …… 28
　　表 1-2　唐至清經學考試指定用書演變情況簡表 …… 37
　　表 1-3　洋務派學堂招生考試、學業考試例覽 …… 52

表 1-4　清末新式學堂學業考試制度簡表 …………59

表 1-5　清末第一屆留學畢業生獎勵考試情形表 …65

表 1-6　清末留學生獎勵考試制度簡表 ……………66

表 1-7　清末留學畢業生學成考試情況統計 ………67

表 1-8　清末留學畢業生廷試（入官考試）情況
　　　　統計 …………………………………………68

表 2-1　舊式考試、標準測驗、新法考試之特點
　　　　比較 …………………………………………99

表 3-1　北京政府文官考試制度框架 ………………135

表 3-2　北京政府文官高等考試及格人員分發
　　　　標準 …………………………………………139

表 3-3　北京政府時期司法人員考試法規概況 ……144

表 3-4　北京政府時期知事試驗情況表 ……………147

圖 3-1　考試院機構設置圖 …………………………152

表 3-5　南京國民政府時期文官考試及格人數統
　　　　計表 …………………………………………170

表 3-6　私立中華大學法律學系開設課程與高等
　　　　考試司法官考試科目對照表 ………………176

表 3-7　首屆高等考試報考情況表（1931 年）……181

表 4-1　北京大學物理系 1926 年部分班級學年成
　　　　績統計表 ……………………………………204

表 4-2　北京市直轄各校招生一覽表 ………………221

表 4-3　清華大學 1925 年入學考試科目表 ………222

表 4-4　1928～1937 年全國大學招生情況統計表 232

圖 4-1　1928 年～1937 年全國大學招生科類變化
　　　　柱狀圖 ………………………………………232

表 4-5　1928～1945 年全國中學教育發展情況表 241

表 4-6　1936 年前後中學及師範學校會考科目變
　　　　化情況表 ……………………………………248

表 4-7　1940～1945 年學業競試情況表 …………256

表 4-8　北京政府時期公費留學考試第二試情況
　　　　統計表 ………………………………………262

表 4-9　南京國民政府時期公費留學考試情況表 …270

表 4-10　第一、二屆自費留學生考試統計表 ……273

第四章　民國教育考試制度的
　　　演變與革創

　　1911 年爆發的辛亥革命，不僅推翻了封建專制主義統治，建立了資產階級民主共和國，也爲中國傳統教育的改革和近代化奠定了思想基礎。儘管袁世凱篡奪辛亥革命的成果後曾一度推行封建復古主義的文化教育，但中國教育近代化的歷史趨勢已不可逆轉。而實業的發展和民初經濟的復興，又爲教育的改革和發展創造了客觀的條件。孫中山、蔡元培等資產階級革命家和教育家，著手從內容和形式兩個方面對舊教育進行改革，按照新確立的教育宗旨對清末以來的教育制度進行了改造。北京政府先後於 1912 年、1913 年和 1922 年公佈了《壬子學制》,《壬子‧癸丑學制》和《壬戌學制》，建立了新的教育行政系統，形成了一系列與之相匹配的法律和法規。進入南京國民政府統治時期後，中國教育在艱難中繼續著從傳統教育向近代教育的轉型，近代學制和教育管理體制得以確立，學校教育和社會教育都得到了一定的發展。作爲教育制度的組成部分，與教育的改革和發展相適應，民國時期建立了與上述學制和教育行政制度相配套的教育考試制度體系，並在考試制度構建、考試管理、考試理論與技術等方面，實施了一些重大興革，進行了許多有益探索。

第一節　教育考試制度框架的確立與考試權的移易

　　民國時期，若從考試類別上劃分，教育考試體系總體上是由學校入學招生考試、校內學業成績考試、畢業會考和留學考試四類組成，種類較多，形

式齊備。受當時的教育理論和中國考試傳統的影響，考試管理權由單純由學校掌握，變爲向政府集中。在加強教育督導、強化考試管理這一過程中，民國時期的教育考試多有新創，其中，入學招生考試統與分的變化，學位考試、學業競試、留學考試的創辦，畢業會考制度的創革等，在中國考試發展史都頗具特色，佔有重要的地位，也極具研究價值。

一、民初新教育宗旨的釐定與考試制度的建立

民國肇造之初，教育考試權開始下移給學校，特別是各級各類學校的招生考試，考試權完全交付於學校，各項考試政策和考務事宜均由學校決定和辦理。國家有關教育考試法規中僅有原則性規定。而這種局面的形成，是與當時的形勢和教育宗旨、考試觀念分不開的。

1912 年 1 月南京臨時政府成立後，於 1 月 9 日成立教育部，由蔡元培任教育總長。同年 7 月，全國臨時教育會議在北京召開，會議釐定了「注重道德教育，以實利主義、軍國民教育輔之，更以美感教育完成其道德」的新教育宗旨，於同年 9 月公佈實施。〔註1〕這個根據蔡元培教育思想提出的教育方針，與清末教育宗旨有著本質的不同，它反映了資產階級個性解放、自由發展和健全人格的需要，以養成共和國民的健全人格爲目標，通過德、智、體、美四育，造就既有近代思想又有科學技術知識的人才。它否定了以培養科名仕宦之才爲目的的精英主義封建教育，向造就知識型、素質型人才的義務教育體制轉變，爲中國的近代化教育在民國的實施確定了方向，是從封建教育觀念到資本主義教育觀念的質的飛躍。

教育觀念的革新和教育宗旨的更替，帶來了與共和政治相適應的教育體制。1912 年（壬子年）9 月 3 日，《壬子學制》頒行，它規定學堂改稱學校，學部改稱教育部，考試改稱爲試驗。大學取消經學科，取消科第獎勵辦法。之後，陸續頒佈了各種學校規程，對《壬子學制》有所充實與修改，教育部於是又將總合後的學制於 1913 年 8 月重新公佈，這套較爲完備的學制系統通稱《壬子‧癸丑學制》（1913 年爲癸丑年）。此制分三類和三段設學：依學校

〔註1〕此方針所說「道德教育」，依蔡元培說實即法國大革命所標揭的，反映資產階級民主革命精神的「自由」、「平等」、「博愛」思想；所謂實利主義教育，即發展資本主義生產的知識技能教育；所謂「軍國教育」即融強兵健體爲一體的軍事體育；而「美感教育」則是以音樂、藝術爲核心內容的教育。參見李國鈞、王炳照總主編，於述勝著：《中國教育制度通史》第七卷（民國時期），山東教育出版社 1999 年版，第 12～13 頁。

教育類別，分爲普通教育、實業教育和師範教育三類；依程度高低，分爲初等教育、中等教育和高等教育三段。這個學制實行到 1922 年，爲《壬戌學制》所代替。《壬戌學制》仍分三類三段設學。其改變，主要是縮短小學學程，將中學分段設置，並實行選科制。《壬子·癸丑學制》和《壬戌學制》構成了 1912～1927 年間教育考試制度依存的根本。

與學制相配套，教育部於 1912 年 10 月 25 日發佈第 18 號令和第 19 號令，公佈《學生操行成績考查規程》和《學生學業成績考查規程》，它們構成了《壬子·癸丑學制》的一個組成部分，「也是民國時期第一個比較系統的考試規程。」〔註2〕1920 年 3 月，教育部又頒佈《修正學生學業成績考查規程》，對 1912 年的《規程》作了修正。上述三個規程，構成了民初學校考試制度的基本框架，即屬於校內考試的學生操行成績考試、學校考試、畢業考試和連結校內外的入學考試。各學校又據此制訂各自的考試規定，豐富了民初教育考試實踐。

留學考試方面，民初先後公佈了《選派留學外國學生規程》及其細則，建立了部派省費留學考試制度以及庚款留美考試制度，並對歸國留學生舉行過一屆甄拔考試。後者純屬籠絡人心之舉，因科舉味道太重，遭受反對後廢除。

此外，民初還建立了小學教員檢定考試制度。1916 年 4 月和 1917 年 1 月，先後公佈《檢定小學教員規程》和《檢定小學教員辦法》，規定通過檢定合格的教員，即發相當的教員證書；檢定不合格及未受檢定者，不得爲教員。此項規定的推行，有力地保證了小學教員的素質水平，從而使國民教育初始階級的小學教育質量得到保證。〔註3〕

〔註2〕謝青、湯德用主編：《中國考試制度史》，黃山書社 1995 年版，第 507 頁。
〔註3〕民初教育家重視小學教育，對小學教員要求亦高。有一則趣聞可說明這一情況。蔡元培任民國教育總長時，范源濂任次長，范即首重小學教育，意見與蔡相左。蔡言：「沒有好大學，中學師資哪裏來？沒有好中學，小學師資哪裏來？所以我們第一步，當先把大學整頓。」范說：「小學沒有辦好，怎麼能有好中學，中學沒有辦好，怎麼能有好的大學？所以我們的第一步，當先把小學整頓。」兩人意見最終合起來，就是由小學至大學，沒有一方面不整頓。設立小學教員檢定考試，當屬民初整頓小學教育的一個措施。參見余世存編：《非常道：1840～1999 年的中國話語》，社會科學文獻出版社 2005 年版，第 129 頁。

二、考試權的下移與上收

在考試管理方面，北京政府時期發生了重要的變化，即考試權下移給學校，從而開啓了民國時期教育考試管理權的下移與上收、考試形式的統一與分途之變化的序幕。〔註4〕

如果我們把考試定義爲：「一定組織中的考試主體根據考試目的的需要，選擇運用有關資源，對考試客體某方面或諸方面的素質水平進行測試、甄別和評價的一種社會活動」，〔註5〕那麼，考試權即指考試主體和考試客體都擁有的權力。當然，這個權力對不同主體有著不同內涵。一方面，從考試主體來說，它是爲國家所支配的考察考試客體的水平能力、選拔甄別考試客體的一種公共權力，表現爲國家的教育權或行政權，往往由國家機關或國家機關所指定的機構來行使。作爲國家公權力的考試權，是國家治理社會、推行和保障個人平等的重要途徑。另一方面，從考試客體來說，考試權是國家內公民所享有的參與社會競爭、獲得上昇和流動機會的一種資格和權利，它是公民權利的重要內容，是個人平等權、發展權實現的重要表現。這裡討論的考試權下移，指的是國家考試的公共權力，即國家對考試的行政管理權。

從中國歷史上看，考試權歸屬爲政教合一的政治和教育管理體制所決定。作爲封建朝代國家官吏選拔考試的科舉與教育管理手段的教育考試，基本上是合而爲一的，因而在科舉時代，考試權完全歸於國家掌管。即使在晚清時期，科舉改革，教育制度更易，興辦學堂，學堂的考試權仍歸於國家（少數教會學校和私立學堂除外）；清季的學堂考試，大都由當地政府主持。1905年科舉廢止後，新興學堂的考試權仍握於政府之手。然而至民國初年，各級學校的考試權都下移給學校：學生操行和學業成績考查方面，雖定有規程，卻只提出考查辦法和原則，考查權力交由學校。各級各類學校招生，其考試的命題、考務、閱卷、錄取等，均由學校成立的招考機構自行辦理，各自爲政，教育部也沒有制定一個全國性的入學考試規程。只是就中等學校、高等師範學校和各專門學校大學校的招生名額分配、錄取資格等，先後發過幾個

〔註4〕這個關於收與放、統與分的探索或曰反覆迄今並未停止，尚在繼續。如自2004年起，全國普通高等學校招生全國統一考試開始分省命題，到2006年共有16個省自主命題，餘者由教育部統一命題。這是自1977年後第二次高考分省命題，全國統考的格局只靠統一考試大綱來維繫，實際上是分、統結合。而高等教育自學考試在同期卻加大了全國統一命題課程考試的比例，雖仍是全國統、分命題相結合，但各省命題權卻被逐漸上收。

〔註5〕廖平勝：《考試學原理》，華中師範大學出版社2003年版，第60頁。

通令，強調要嚴格資格審查、「重學業而杜冒濫」、使用國文命題、盡早公示教材課程等。﹝註6﹞這相當於指導各校做好考試工作，考試權仍是交於學校。

民初出現考試權下移，有論者認爲根本原因在於北京政府的權威有限，沒有足夠的力量進行了全國範圍的選拔和水平考試。﹝註7﹞這當然是一個重要的原因。其實民初對考試權的下放，原因是複雜的，若究其根本原因，似應以選官考試與教育考試判然兩分爲首端。

清末新政前後，減、停科舉，興辦學堂的步伐大爲加快，學堂考試異軍突起，發中國近代考試之先聲。但是，縱然是學堂考試，卻仍與選官相連，在科舉廢止後，學堂考試仍帶有獎勵功名出身的功能，選官考試與教育考試並未完全分離。民國建立後，南京臨時政府起草的文官考試法規爲北京政府所參酌，《文官考試令》等法律專門而明確地宣佈建立近代文官考試制度，各級各類學校的招生考試和學業成績考試等都不再與選官考試相聯繫，1912 年1 月 25 日發佈的《中華民國教育部普通教育暫行辦法通令》明確宣佈，「廢止舊前獎勵出身」﹝註8﹞，1912 年 10 月 24 日發佈的《大學令》，規定大學畢業授予學位。實際上以學位制代替了獎勵科舉出身制。將教育和考試從晚清殘存的科舉制的舊轍中拉了出來，納入民主之軌道。自此，政治與教育合一局

﹝註6﹞ 參見《教育部通諮各省限制中等學校招生資格》（1917 年 3 月 28 日），《教育雜誌》第 9 卷第 5 號《記事》，1917 年 5 月；《教育部通令各高等師範學校招考學生辦法》（1918 年 5 月 31 日），《教育雜誌》第 10 卷第 7 號《記事》，1918 年 7 月；《教育部公佈各專門學校大學校中學校招生辦法訓令》（1919 年 1 月 31 日），《教育雜誌》第 11 卷第 3 號《法令》，1919 年 3 月。楊學爲總主編：《中國考試史文獻集成》第七卷（民國），高等教育出版社 2003 年版，第 29～30 頁。

﹝註7﹞ 參見王奇生主編：《中國考試通史》（卷四），首都師範大學出版社 2004 年版，第 274 頁。謝青、湯德用主編的《中國考試制度史》也認爲，考試權下移與「當時的教育部沒有也不可能公佈一個全國統一的學生入學考試規程息息相關。」表達了相同的意思。《中國考試制度史》，黃山書社 1995 年版，第 512～513 頁。

﹝註8﹞ 《民立報》1912 年 1 月 25 日。轉引自林家有：《政治·教育·社會——近代中國社會變遷的歷史考察》，天津古籍出版社 2004 年版，第 145 頁。順便說一句，該書作者在注解中，將「舊前獎勵出身」解釋爲「係指清代選拔官員不經正規科舉考試而靠特權獎勵出身的各種辦法所取得的資格」，似可斟酌，它應指的是《各學堂獎勵章程》中規定的對各級學堂畢業生的功名出身獎勵制度，如通儒院畢業者，以翰林升階；大學堂分科大學畢業者，按成績第分別獎以進士或同進士出身，可授編修、主事等官職；大學預科、高等學堂畢業者，獎以舉人出身，可授內閣中書、各部司務、知州、知縣等官職等等。

面被打破，選官與入學兩分，考「官」與考「學」判然兩途。

民初把教育與政治分開，考官與考學分開，將教育考試權下移給學校，是基於當時主政者的政治理念和教育理念。孫中山就任臨時大總統後，在1912年3月19日《令教育部通告各省優初級師範開學文》中指出：「惟教育主義，首貴普及。」提出教育的根本任務是培養「人才」和提高「國民」素質。〔註9〕這就徹底否定了傳統封建教育的精英主義宗旨，改變了傳統的忠君、尊孔的辦學方針。作爲中華民國教育方針的制定者和實施者，首任教育總長蔡元培忠實執行孫中山制定的教育方針，從根本上否定舊教育爲封建專制主義培養衞道者的教育宗旨，確立了爲共和、爲民主、爲社會振興培養各類人才的出發點。蔡元培在1912年2月8日發表的《關於教育方針之意見》一文中，就教育與政治的關係和民國之教育方針，明確提出：「教育有二大別：曰隸屬於政治者，曰超軼於政治者。專制時代（兼立憲而含專制性質者言之），教育家循政府之方針以標準教育，常爲純粹之隸屬政治者。共和時代，教育家得立於人民之地位以定標準，乃得有超軼政治之教育。」〔註10〕蔡元培雖然在教育部長任上時間不長（1月3日上任，7月14日向袁世凱提出辭呈），但是他的教育思想在中國教育發展的重要轉折關頭卻產生了重要而深遠的影響，爲中國教育的近代化奠定了方向，並爲中國初步建立了新式的、與共和政治相適應的教育體制，其中也包括教育考試管理體制。因而，民元教育部頒行規程，明確廢除獎勵出身辦法，將文官考試與教育考試截然分開，導致了教育考試權下移於學校。這其中，也隱然受教育考試權不是國家公權，而是學校權力的觀念支配。而這種觀念，又源自當時國外教育和考試管理理論的影響。

民初制定的三個學制，前兩者《壬子學制》、《癸丑學制》都是學習日本學制。〔註11〕而1922年始行的《壬戌學制》，則「的確受美國教育思想和制度的影響很大」，「是教育界在實踐探索基礎上對以美國爲主的新教育模式的

〔註9〕 孫中山：《令教育部通告各省優初級師範開學文》。《孫中山全集》第二卷中華書局1981年版，第253～254頁。

〔註10〕 蔡元培：《對於教育方針之意見》。陳學恂主編：《中國近代教育文選》，人民教育出版社2001年版，第324頁。

〔註11〕 蔡元培在《全國臨時教育會議開會詞》中講的很明白：日本學制「變法時所創設，取西洋各國之制而折衷之，取法於彼，尤爲相宜」。並不避言是以日本學制爲藍本。參見喻本伐、熊賢君：《中國教育發展史》，華中師範大學出版社1991年版，第503頁。

自主選擇」〔註12〕。《壬戌學制》在當時先進的世界教育理念支配下，依據下述 7 項標準制定而來：（1）適應社會進化的需要；（2）發揮平民教育精神；（3）謀個性發展；（4）注意國民經濟力；（5）注意生活教育；（6）使教育易於普及；（7）多留給地方伸縮餘地。這些標準，深刻影響著教育考試管理體制的制定。而《壬戌學制》學習的直接樣板——美國學制，其大學的招生考試權則完全由學校控制，即使有一些區域性甚至全國性的高中水平考試，其採信權也由高校掌握。這種榜樣的力量是強大的，它不可避免地影響著中國的教育政策制定者對教育考試權歸屬的認識。

此外，民國初期教育發展平衡的總體水平不高，也對在全國行使統一考試權、舉辦統一招生和水平考試造成困難。民初的教育改革是在戎馬倥傯中進行的，其關注的焦點是，用民主共和精神改造清末學制中的封建主義因素。〔註13〕因而它在教育類別劃分、教育均衡發展等方面考慮不足，加之當時政局不穩，教育投入相對不足，許多學校都難以達到新學制要求的水平。1922年雖公佈了新學制和全國統一的課程設置與標準，但執行起來卻相當困難。由於各級各類學校的招生對象、考試方法、考試科目、考試內容、錄取比例都各自不同，其時要行使統一考試權，是存在相當困難、需要一個較長的準備時間的。這也構成了考試權下移的一個原因。

在考試權下移的十幾年裏，學校無疑得到了更為靈活的自主權，可以根據自己學校的情況和特點決定招收學生的標準和辦法，有利於學校的發展和形成特色。但是，由於考試權是國家貫徹教育方針、督查教學、掌握人才培養標準的重要工具，完全交付學校後，只能聽憑學校自主招生、自定標準，這就造成了貫徹國家教育宗旨、統一培養標準的困難，對各級學校的教學水平和教育質量的評估和監督也相當乏力。當時，有的學校教學時數不足，有的學校成績管理混亂，以平時成績充學業成績和畢業成績。1920 年，先後出現了北京工業專門學校和北京大學學生要求廢除考試的風潮。1922 年新學制公佈後，舊設專門學校與新制單科大學分野不明，引發專門學校紛紛升格為大學運動。而大學增多，師資、設備及其他辦學條件並未跟上，導致教學質量下降。中學也存在同樣的問題。當時有議論指出，考試權在學校「嚴則寡恩，

〔註12〕 李國鈞、王炳照總主編，於述勝著：《中國教育制度通史》第七卷（民國時期），山東教育出版社 2000 年版，第 54〜55 頁。

〔註13〕 參見李國鈞、王炳照總主編，於述勝著：《中國教育制度通史》第七卷（民國時期），山東教育出版社 2000 年版，第 29 頁。

寬則鮮效，致考律廢弛，學生以畢業爲目的，不以學業爲職志」〔註 14〕。鑒於這些情況，雲南省決定收回考試權，規定對省內外公私立各級學校學生修業期滿者，經省學業成績考試委員會考試合格方可畢業。此後，湖南、湖北也照此辦理。當然，此舉也遭到部分學校和學生的抵制。1928 年 2 月至 3 月間，教育部先後頒佈《國內外專門以上學校畢業生復試條例》和《省區中等學校畢業復試條例》，宣佈將高等學校、中等學校的畢業考試的命題權、閱卷權和考務權分別收歸教育部和各省區教育行政部門。這標誌著曾經下移了 16 年的學校畢業考試權，又收歸政府。只是由於不久後北京政府即告瓦解，兩個條例未及實施。歷史把考試權的上收還是下移這個問題，交給了南京國民政府。

但是，南京國民政府成立後，雖然深知「高等教育是中央政府擴張權力的一個渠道」〔註 15〕，卻並沒有馬上收回各校的招生考試權。一個原因是，新政府剛剛成立，在教育方面自有比考試權調整更爲重要的事情。如「恢復教育權」運動〔註 16〕，要求一切外國設立的教會學校在教育部登記，以及所有這些院校中的領導人都必須是中國國民，這一民族主義措施有效地樹立和維護了新政權的權威。又如在全國加強或建立國立大學，並直接由南京教育部監督。另一原因，應該是學校辦學自主權爲教育行政方所認同，當時主導教育行政管理方向的教育思想，既有人主張「黨化教育」，又有人主張「教育獨立」，後者使得各種教育實驗和改革取得了一定的成效。

然而，教育和考試權的下移，造成各地或各校自行其是、標準不一、管理混亂的問題，引起各界越來越多的關注。正如 1931 年歐美各國聯合組成的國聯教育考察團在其報告《中國教育之改造》一書中所指出：「過去數十年間，新潮流之影響於中國教育制度者，大抵來自美國、日本，尚有一部分來自歐州（法國、德國）；此種潮流，係由新教育機關所介紹，雖亦輸入不少近代文

〔註 14〕 《教育雜誌》，1925 年 2 月 20 日出版。轉引自謝青、湯德用主編：《中國考試制度史》，黃山書社 1992 年版，第 554 頁。

〔註 15〕 費正清等編：《劍橋中華民國史》（下），中國社會科學出版社 1998 年版，第 442 頁。

〔註 16〕 這一舉措是爲了維護國家在教會學校中反對強制性宗教教育的權威，它不僅涉及外國對中國的政治控制問題，而且在更深層次上涉及世俗的價值觀或宗教福音的價值觀究竟誰居於支配地位的問題。在國民政府和教會學校中國校友的努力下，到 1933 年，所有主要教會大學和學院都完成了向國民政府登記，教會學校由此被納入中國教育體系的正式結構之中。參見費正清等編：《劍橋中華民國史》（下），中國社會科學出版社 1998 年版，第 440～441 頁。

化之價值，但仍未能改變現在學校制度不相連接之性質，或促進其根本上之改造，以成一適當之整體。反之，此種情形，使個別之學校模型，由外國以輸入中國，常具糜費之特徵，及較高之標準，而視學校爲獨立個體，課程無須顧及社會之觀念乃特形鞏固矣。」〔註 17〕國聯這個報告曾引起國民政府重視，在釐定三民主義教育宗旨之後，也曾「力圖矯正以前的放任主義，而代之以干涉主義」，「即使所有教育都統一於『三民主義』教育宗旨之下，一切教育實施原則和政策皆由國民政府規定，凡在中國領土之內的教育一律受國家監督。」〔註 18〕基於這個出發點，20 世紀 30 年代國民政府教育部和各地政府開始對考試權逐漸上收。在招生考試方面，開展高等學校統一招考和計劃招生，實現了部分地區的統一命題考試管理；在校內考試方面，發佈一系列法規對校內考試嚴加約束，並實行畢業統考制，實際上將畢業考試權收歸教育部和地方政府。此外，還創立了中學畢業會考制度、學業競試制度、學位考試制度和留學考試制度。這些考試，均爲統一考試的形態，而統一考試權則牢牢地控制在政府手中。這些強化統考文化的管理，對整齊教育質量、統籌教育發展具有一定作用。但很顯然，政府也在運用考試這一手段，控制學校意識形態和扼制學潮。

第二節　學校校內考試制度的建立與實施

民國時期學校的校內考試，主要指學生學業成績考試、學位考試等在各級各類學校舉辦的考試。顧名思義，校內考試的主導權在學校，但教育行政當局十分重視校內考試，建立並完善了考試制度法規，以考督學的傳統考試觀念得以傳承，考試設計和實施向重視能力、注重多次多元化考查轉化，並注重用考試的方法對學生操行進行考查，考試管理也更趨嚴密。不過，由於處於激烈的社會轉型期，校內與校外遠非一段圍牆便可截然分開，校內考試的情形和效果，其影響又往往不限於校內，甚至成爲學潮的導火索，因而政府和教育當局在對校內考試多有指導的同時，也加強了控制。

〔註17〕 《國際聯盟教育考察團報告》，臺北文海出版社 1986 年影印本，第 10 頁。轉引自栗洪武《西學東漸與近代中國教育思潮》，高等教育出版社 2002 年版，第 231 頁。

〔註18〕 栗洪武：《西學東漸和近代中國教育思潮》，高等教育出版社 2002 年版，第 224 頁。

一、北京政府時期的校內考試

北京政府時期，是民國學校考試制度的創建時期。雖然考試權交由學校，考試管理疏密寬嚴各不相同，但民初新教育宗旨影響甚廣，各級各類學校自主辦學、辦考，重獎與嚴督並重，在考試制度上有諸多創新。當然，其間也不難看到傳統考試文化的深刻影響。

（一）民初學生操行成績考試制度的創立

1912 年 10 月，北京政府頒佈《學生操行成績考查規程》，對各級各類學校的學生操行考查的辦法予以規範。該規程共 8 條，規定：各級學校校長、教員或學監，應隨時審察學生之操行，默記於冊。各學級主任教員或學監，於每學校內將平時觀察學生操行情況記錄於操行一覽表中。操行成績分爲甲、乙、丙、丁四等，丙等以上爲及格，得甲等者由校長予以褒獎。學生升級或畢業時，以操行成績和學業成績參酌決定。學業成績未及格，其分數相差不到 1/10，而操行成績列乙等以上者，可以升級或畢業；學業成績僅及格，而操行成績列丁等者，停止升級或畢業。學生操行考查的要點，心性方面包括氣質、智力、感情、意志等項；行爲方面，爲容儀、動作、言語等項。專門以上學校考查操行規定，由各校校長酌察本校情形特別規定之。〔註 19〕

這個規程是現存學生操行考查方面僅有的一份全國性法規。它不僅對考查內容、分等方法有詳細規定，而且對成績結果的使用規定也很明確。它反映了民初資產階級教育比較重視學生道德操行培育的思想，是德、智、體、美四育並舉教育宗旨的體現。其對學生操行考查的重視，與晚清學堂相比，最大的不同點在於出發點的不同。民初對學生操行的評價，重在考查學生的個人修養，以培養學生適應近代社會的公民道德與行爲規範爲出發點；而晚清則以培養學生忠君、尊孔，做大清順民爲出發點。蔡元培在論述其教育主張時，明確地道出了兩者的不同，他說：「何謂公民道德？曰，法蘭西之革命也，所標揭者，曰自由、平等、親愛。道德之要旨，盡於是矣。」〔註 20〕當然，從民元教育宗旨表述看，可謂「道德中心主義的餘韻猶存」〔註 21〕。它對學校基本任務的確定，仍存在傾重於道德教育的偏差。這一點反映在學生

〔註 19〕北京政府教育部檔案，中國第二歷史檔案館藏，全宗號一〇五七②，案卷號 11。
〔註 20〕蔡元培：《對於教育方針之意見》，陳學恂主編：《中國近代教育文選》，人民教育出版社 2001 年版，第 325 頁。
〔註 21〕喻本伐、熊賢君：《中國教育發展史》，華中師範大學出版社 1991 年版，第 499 頁。

操行考查規程中，表現爲該規程第五條和《學生學業成績考查規程》第十二條，即關於學生操行成績列乙等以上而學業成績不及格，亦得升級和畢業的規定，有過於強調操行成績之嫌，「曾導致一些學生只重視操行成績而忽視學業成績等。」〔註22〕

這個操行考查規程僅 8 條，實質還是放權於學校。因此其實施情形如何，自當結合當時各校情況而言。事實上，有的學校對學生操行管理之嚴，已遠超出規程規定的範圍和程度。如 1912 年後的清華學校，在學生管理上，除各種管理規章外，校長還有隨時宣佈條告和規則的權力。舉凡有關學生思想、婚娶、起居、飲食、上課、自修、體育、課外活動、請假、學行、賞罰等，均在管理範圍之內。「可謂法令如麻，層層約束。」〔註23〕在言行方面，對教職員失禮，或咒罵喧嘩，不顧行檢，辱罵毆打差役，犯有誣衊、狡賴和撒謊行爲，或與人交惡，甚至借物不還，都要受到處罰。甚至還規定，中等科同學每月須寫交家信兩封，報賬一次。至「五四」以後，學生思想趨於「海闊天空」，學運頻繁，加之清華中等科已逐年停招，只招大學生和研究院學生，年齡較大，學生管理才漸漸由嚴至寬。有人對此記有：「凡在 1922 年前入學的舊制學生，對新舊管理制度的轉變都有深刻的感受，1925 年以後入學者，則多不知過去的嚴格情形。但有些學生反倒懷念舊制，覺得過度放任，校園擾攘不安，無法安心讀書。」〔註24〕由此也許可看出一點當年嚴格學生操行和學業管理的督策之功。

（二）學業成績考試制度的形成

1912 年 10 月頒行的《學生學業成績考查規程》，在批判繼承清末教育改革成果基礎上，對學校學生學業成績考試進行了詳細系統的規定。該規程規定，學生學業成績分平時成績和試驗成績兩種。平時成績由教員查察學生勤惰與學業優劣，隨時判定。試驗分學期試驗、學年試驗、畢業試驗、入學及編級試驗 4 種。學期試驗，於每學期末舉行，但 1～3 月之一學期，免除試驗。

〔註22〕謝青、湯德用：《中國考試制度史》，黃山書社 1995 年版，第 512 頁。
〔註23〕清華大學《管理學生規則》二十條和《學生懲罰規則》五條三十八款，見 1919 年《清華一覽》，在《清華大學史料選編》，冊 1，第 189～195 頁；《清華周刊十週年紀念》（1921 年），《學校方面》，第 6 頁。參見蘇雲峰：《從清華學堂到清華大學（1911～1929）》，三聯書店 2001 年版，第 216 頁。
〔註24〕參見蘇雲峰：《從清華學堂到清華大學（1911～1927）》，三聯書店 2001 年版，第 222～225 頁。

專門以上學校，可以免除學期試驗。學年試驗，於每學年終舉行，但在畢業時，免除學年試驗。畢業試驗，於修業的最後一學年末舉行，但在未畢業之前，每教完一科目時，得先行試驗；畢業時，即以試驗所得分數，爲該科目的畢業試驗分數。入學及編級試驗則用於招收新生、接受轉學學生。〔註25〕

學業成績共分爲四等：80 分以上爲甲等；70 分以上爲乙等；60 分以上爲丙等；不滿 60 分爲丁等，丁等爲不及格。及格者畢業或升級，不及格者留級。留級兩次仍不及格者，命其退學。

成績的評定方法，學期、學年和畢業 3 種成績的評定不盡相同。學期成績的評定方法是：本學期每學科的試驗成績，參合平時成績，判定分數，爲每學科的學期成績；本學期每科判定的總分數，除以學科門數，得到的平均數爲總學科的學期成績。學年成績的評定方法是：本學年每學科的試驗成績，參合平時成績，判定分數，爲每學科的學年成績。在施行學期試驗的學校，可以學期成績相加除二，爲每學科的學年成績，但內有一學科或數學科爲學期試驗所不及的，必須照前款辦理；本學年各學科之學年成績總分數，以學科數目除之，得到的平均分數爲總學科的學年成績。畢業成績的評定方法是：最後學年每學科試驗成績，參合平時成績，判定分數，爲本學年每學科成績分數，又與前各學年每學科成績分數相加，除以學年數，爲各學科畢業成績分數。在施行學期試驗的學校，先以學期成績分數相加除以二，得每學科學年成績，再以前法得畢業成績；各學科畢業成績的總分數，除以學科數，得到的平均數爲畢業總平均分數。

各項分數由教員記分，校長核定。初等小學校、高等小學校，即以平時成績評定學業成績，不施行試驗，但在必要的時候，亦得施行適宜的試驗；專門以上學校，得視特別情形，只以試驗成績評定學業成績；前項以外的其他學校，遇到無平時成績可以參合時，得以試驗成績爲準。專門以上的學校的學年試驗或畢業試驗，其主要科目有一學科達不到丙等的，不得升級或畢業。學生因爲不得已的緣故，無法參加學期或者學年試驗的，得請求補考；中等學校可以酌量情形，以平時成績評定畢業成績，不用補考，但是分數須減去 3/10。學生缺席時間超過授課時間 1/3 者，不得參加學期與學年考試。各項試驗規則由各學校決定。如果學生有違背試驗規則的，其試驗成績無效，

〔註25〕參見《學生學業成績考查規程》，北京政府教育部檔案，中國第二歷史檔案館藏，全宗號一〇五七②，案卷號 11。

或酌情減去分數。在一學年內學生缺席達到 40 小時的，應減學業成績總平均 1 分；多於 40 小時的，每超過 20 小時遞減半分，不滿 20 小時的免減。學校有實地練習的，其練習分數應占學業成績 1/5 到 2/5。

　　這個規程將學生平時成績和試驗成績放在同等位置上，表現出對平時成績的重視。但平時成績如何考查，規定又失之籠統，各校執行時亦寬嚴不一，效果難如人意。有關留級、退學的規定也不大符合當時國內實際。新式教育費用遠大於舊的私塾書院，能夠入學者本已屬寥寥，以退學約束學生難免無力。而不及格者留級的規定也在實踐中遇到麻煩。如 1913 年 10 月，浙江公立法政專門學校校長陳時夏就報告教育部稱，該校法律別科第二學年試驗，其有 14 人不及格（13 人丁等，1 人戊等）。按照規程第二項、第三項規定，理應留級，但「部令雖有留級或再留之明文，期不及格者之終底於成，而校中已無一年級、二年級存在之事，實自無留級或再留之言。」教育部只好根據學校意見，同意若不及格學生缺分不多，可暫升級聽課，至下年試驗補考及格，仍准升級或畢業；若缺分過多，則轉入其他學校相當之年級。〔註 26〕其時民國新創，教育並不發達，很多學校尚無力按新學制建立完整的年級體系，此種法令超於事實發展的情況應不爲浙江公立法政專門學校一處獨有。

　　鑒於上述方面的原因，教育部針對這兩個規程在執行中的缺點，於 1920 年 3 月 22 日頒佈《修正學生學業成績考查規程》。其對 1912 年規程的修正之處共 4 點：一是關於平時考查。修正爲「由教員參照學科性質，酌行臨時試驗，或另定考查方法」。這比前一規程規定更明確具體，便於操作。二是關於學生留級問題。對考試不及格的學生，除留級外，學校還可以根據學科難易程度或多寡，分別留級或暫予以升級，並限期令其就不及格之學科實行補習，再補行試驗。這使學生升級條件更寬鬆一些，並爲不及格學生增加了一種選擇。三是關於實地練習的考試。增加了學校有實地練習者，其實習分數不及丙等不得畢業的條文。強調了實習的重要性，在重視實踐的考試方面，又前進了一步。四是關於德、智、體三育的關係。補充了「學生學業成績及格，操行或體育成績不及格，不得畢業」。這實際上取消了《學生操行成績考查規程》第五條和《學生學業成績考查規程》第十二條，增加了體育成績的要求，

〔註 26〕　參見《教育部咨覆浙江都督兼民政長學年試驗不及格各生留級及轉學辦法文》，北京政府教育部檔案，中國第二歷史檔案館藏，全宗號一〇五七②，案卷號 40。

體現了「五四」前後教育界三育並重的思想。〔註27〕

以教育部頒佈修正規程為標誌，實際可將北京政府時期的學生學業成績考試制度劃分為兩個階段。第一階段自 1912 年 10 月至 1920 年 3 月，中等和高等學校在校學生考試制度分為平時查察、學年考試、畢業考試。第二階段自 1920 年 3 月至 1928 年 4 月，分為平時考查、學期考試、學年考試、畢業考試。第二階段增加了學期考試。

學業成績考查方面這兩個規程儘管比較詳細，其主體思想卻仍是放權於學校，由學校結合本校實際制訂細則來執行，教育行政部門並無硬性約束措施。

（三）民初校內考試實施情形與特點

由於民初學校握有考試權，國家有關規定僅提供了制度框架，考試實施則要看各校的具體情況。幾個有代表性學校的實施情形表明，這一時期校內考試有如下特點：

一是各校大都制定了嚴格的考試規則，且各具特色。很多規定的嚴格程度超過了教育部規程的要求。北京大學的考試規則，不僅規定考試種類、計分辦法、獎勵辦法，還對考務管理另訂詳規。以北京大學預科生考試為例，學校規定，預科考試由預科教授會、考試委員會及相關各系負責，凡同年級、同科目的班次，一律會同考試，試題不限於所用教本的內容，而重在該年級科目應達到的標準程度。預科學生除平時成績外，每學期終舉行一次考試，每科用平時成績與學期成績之和以二除之，為該科的學期成績；兩學期成績之和以二除之，為該科的學年成績。甲部預科學生，於其所習的數學、物理、化學、第一外國語各科，學年成績有一門不及格者，或其它科目有兩門不及格者（不及格科目可補考一次），不得升級或升學；乙部學生，於其所習的國文、第一外國語、第二外國語各科有一門不及格者，或其他科目有兩門不及格者，不得升級或升學。學校還規定，一學期之內，任何一科缺課鐘點達到該科目全學期授課鐘點總數三分之一者，不得參加學期考試。〔註28〕

交通大學（後改名為南洋大學）在 1922 年和 1925 年，曾先後兩次公佈《考試成績規則》和《考覈成績規則》。在後一個規則中，學校規定學生的操行成績從氣質、性行、課業、服務四項分別考覈，評定成績，平均計算。操行成績不

〔註27〕參見北京政府教育部檔案，中國第二歷史檔案館藏，全宗號一○五七②，案卷號 12。

〔註28〕參見謝青、湯德用主編：《中國考試制度史》，黃山書社 1995 年版，第 534 頁。

合格者，其他學科成績雖及格亦不得升級和畢業。學業考試則分學期考試、學年考試和畢業考試。對學業成績，學校將其劃分爲考分成績和積分成績兩種。

考分成績即學期考試成績。凡各科科目無論在一學期內講授完畢與否，應於該學期末，舉行學期考試。學生的各科學業成績，採百分制，60 分爲及格，分甲、乙、丙、丁、戊、己 6 個等級：90～100 分爲甲；80~89 分爲乙；70～79 分爲丙；60～69 分爲丁；40～59 分爲戊；40 分以下爲己。學期學業成績列戊等者，可允許補考；補考以一次爲限，但補考分數最高以 60 分計。〔註29〕

積分成績即平時成績。各教授按照學生的平時成績酌記分數，並依情形之需要，舉行臨時考試。所有分數，歸入積分成績內計算。凡有一科目其積分平均成績雖在 95 分以上，亦應參與該學科學期考試，不得請求免考。凡各科積分平均成績不足 40 分的，取消學期考試，並不能補考，必須補習。補習一次後考試，並以一次爲限，不及格者，即令退學。〔註30〕

交通大學十分重視學生的積分成績，亦即平時考試成績。每月要進行一次不定期的臨時考試。考試成績是平時成績的依據。臨時考試的成績也要發榜公佈名次。積分成績在學期和學年的總成績中占很大比例，平時成績占學期總成績的 60%，以防止學生平時不用功學習。凡畢業或學年考試不及格在 2 門以內者，應於暑假內自行復習，到開學後再行補考，補考以一次爲限；若 3 門不及格者，應即留級。學期考試有 2/3 的課程不及格者，作降級處理。〔註31〕

二是學校考試規定執行比較嚴格，特別是一些著名的學校，考試頻繁，組織嚴密，淘汰率高，有力地保證了學生質量。《交通大學校史》中曾談到了學校對考試的重視：「考試仍被列爲重要的教學環節，它是督促和鞏固學生所習功課的有力措施。一個好的考試制度，不僅在學生臨考時，就是在平日也能促使學生勤奮學習。」基於此種認識，該校臨時考試成績也張榜公佈，而「每學期或學年考試之後，要把各班學生的成績按名次張榜公佈，按名次排列，不及格的課程還要標以紅字，特別醒目。公佈名次之外，還要把成績單寄給家長。」〔註32〕

〔註29〕　《交通部南洋大學規章》中《考覈成績規則》，第 3 章（1925 年）。
〔註30〕　《交通部南洋大學規章》中《考覈成績規則》，第 1 章（1925 年）。
〔註31〕　參見《交通大學校史》，楊學爲等主編《中國考試制度史資料選編》，黃山書社 1992 年版，第 577～578 頁。
〔註32〕　《交通大學校史》，楊學爲等主編：《中國考試制度史資料選編》，黃山書社 1992 年版，第 577 頁。

　　清華學校以培養留美預備生、造就「領袖人才」爲目標，在課業與考試評分上，均採取了嚴格的辦法。「當時的考試，名目繁多。一爲口試，幾乎天天舉行。許多教員一上課便提問，檢查學生是否預習了功課。二爲十分鐘筆試，不定期舉行。在一課之初，或一課將畢的時候，教員便出其不意地發下紙張，出個題目，限學生在十分鐘內交卷。三爲月考，四爲期考，例在必行……」〔註33〕清華采取這種辦法，一方面使學生出洋後具有與美國同年級的學生相當的水平，另一方面也造成很高的淘汰率。從 1911 年到 1921 年 10 年間，學校招收了 1500 名學生，除在校肄業的 383 人外，歷年被開除的 301 人，退學的 135 人，死亡的 45 人，畢業的只有 636 人。

　　北京大學本科學生的考試同樣比較嚴格。考試成績如下表（表 4-1）所示：

表 4-1　北京大學物理系 1926 年部分班級學年成績統計表〔註 34〕

考試科目	參考人數	得分分佈（人）					及格率（%）	80分以上所佔比例（%）
		100～90 分	89～80 分	79～70 分	69～60 分	60～0 分		
普通物理（1）	25	/	2	4	16	3	88%	8%
物理實驗（一年級）	16	1	4	7	2	2	87%	31%
電磁學	10	/	2	3	3	2	80%	20%
物理實驗（二年級）	11	/	3	4	2	2	82%	27%
數學物理	5	/	/	1	4	/	100%	0%
熱力學及氣質微體運動	4	/	/	/	4	/	100%	0%
物理光學	11	/	/	3	4	4	64%	0%
應用電學	6	/	/	1	3	2	67%	0%
物理實驗（三年級）	4	/	/	/	1	3	25%	0%
電振動	11	/	1	2	7	1	91%	9%

〔註33〕《清華大學校史稿》，楊學爲等主編：《中國考試制度史資料選編》，黃山書社 1992 年版，第 582 頁。
〔註34〕本表根據《中國考試制度史》所載資料編製。

原量論	9	/	2	2	3	2	78%	22%
物理實驗（四年級）	11	/	2	4	4	1	91%	18%
合　計	123	1	16	31	53	22	總 82%	

　　上表表明，1926 年北大物理系本科共 123 人參加考試，及格率爲 82%；但只有 14%的考生得分在 80 分以上。這一年北京大學全校共畢業學生 298 人（理科 45 人，文科 253 人），未能畢業者 61 人（理科 3 人，文科 58 人）。當時考試之嚴格，由此可見一斑。

　　這一時期學校考試實施情況的第三個特點，是各校在學校考試管理方面進行了有益的探索，對考場控制、考試紀律的規定，細緻而嚴格。

　　1919 年 5 月，北京大學通過教授會主任會議議決了四條「試驗辦法」，主要內容是：

　　第一，考試題紙向交由教務處繕發，因其中不便之處甚多，現決定由教員親自印好，於考試時帶至試場，發給各生；或因自繕不便，可於考試前一日，至本校各教授會事務所監督繕印，俟印畢，即攜回，至次日考試時，由各教員親自發給學生。第二，考試時，考場往年有由教員親自監試者，有由教務處派員監試者，其中不免有衝突之點。本年決定由教員親自監試，務請待至終場。倘有他事，不能待至終場，亦須請他教員代替監試。第三，各科學生如有向教員要求範圍及類似要求範圍之舉動（如何注意之點及指明某教員已示範圍之類），務請嚴行拒絕。如有強求不已之學生，請將該生姓名報告教務長或本系主任，以憑辦理。第四，各科各種科目，本年決定不得再有免試之事。從前免試成例，一律廢止。〔註 35〕

　　在北京大學的這個「試驗辦法」中，力圖減少考試管理環節（免去教務處印卷）、杜絕學生向教授「套題目」的行爲，連教育部允許的校長特許學生免試之權，也自行放棄了。〔註 36〕這反映了其嚴格管理考試，對學生一視同仁的取向。

　　而現存這一時期的《中國大學試驗規則》，則反映出該校在校內考試管理方面所慮周詳，規則極具操作性，對考場紀律的規定也很嚴格。該規則規定：

〔註 35〕　參見《北京大學試驗辦法》，《北京大學日刊》，1919 年 5 月 6 日。
〔註 36〕　參見《修正學生學業成績考試規程》（1920 年 3 月 22 日），《教育雜誌》第 12 卷第 5 號。

受驗學生應於試前入考場，出題後遲到者不得進入；試卷及起草紙不得攜帶片紙入考場；考場內之座次編號，不得亂坐，違者退出；在試驗時間內，受驗學生應將學生證或聽講券置案頭；夾帶圖書抄件者，除退出外，並取消本屆全部分數；如果在交卷前未得監試員許可、擅自出考場或擾亂考場的秩序和其他舞弊行為的考生，取消考試成績；如果在出題後交談、出題後無故離席和其他不規則行為者，酌減分數；必須按照時間交卷，超越期限不閱卷；交卷後，立即出考場。〔註37〕

從這個規則可以看出，我們目前管理考場的主要辦法，在當時均已實行。如考場供給草稿紙，以免夾帶；對號入座；出示證件參加考試等等。今天高考、自學考試考場規則，雖辦法更為細密，但主要做法，這個規則都基本具備。

總之，綜觀這一時期的學校考試，可用考試密集、規則詳盡，紀律嚴明、管理周細、淘汰率高來概括。《清華大學史稿》中說：「頻繁的考試，有些苛刻的計分，出洋的前途，是逼使學生用功讀書的頭號原因。『出洋誘之於前，手槍嚇之於後』，用功讀書，安敢不為。」〔註38〕雖說的是清華，其實當時一些著名高校無不如此。有所不同的是，清華用出洋「誘之於前」，而別校則紛紛制訂獎勵辦法來督策學生，〔註39〕算是把考試對學生的激勵功能發揮殆

〔註37〕 參見《中國大學試驗規則》，中國第二歷史檔案館藏，全宗號一〇五七，案卷號 482。原件無時間。

〔註38〕 《清華大學校史稿》，轉引自楊學為等主編：《中國考試制度史資料選編》，黃山書社 1992 年版，第 582 頁。

〔註39〕 如華西協和大學每年特設獎勵鼓勵學子。獎勵分入學獎勵、學年獎勵、特別獎勵。預科考後第一名者，獎三年之學費；預科於學年試驗考得第一名者，以次年學費全獎之，第二名者以次年學費半獎之。正科學生於第一、二年在本科考得第一名者，亦獎勵次年學費。1920 年，吉林省教育廳為鼓勵吉林籍學生勤奮讀書，制定《國立高等專門以上學校吉林學生獎勵簡章》。規定凡吉林籍學生考入國立高等專門以上學校，學年考試成績優良者，由教育廳分別獎勵之。學年考試成績平均在 70 分以上者，得給予普通獎勵金；80 分以上者，於普通獎學金外，再加給特別獎勵。獎勵金總額為 3000 元，由省教育經費項下支給，其中，5/6 為普通獎勵金，1/6 為特別獎勵金；每屆學年開始 3 個月內，教育廳分函各國立高等專門以上學校，調查本省學生上學年考試成績，為給予獎勵金之標準。根據本節前述，以北京政府時期高等學校考試之多、考試之難，欲拿到吉林教育廳的這個獎勵實屬不易。參見：《中華基督教會年鑒》，1918 年第 5 期，楊學為等主編《中國考試制度史資料選編》，黃山書社 1992 年版，第 584～585 頁；《國立高等專門以上學校吉林學生獎勵簡章》，《北京大學日刊》1920 年 6 月 15 日，楊學為總主編：《中國考試史文獻集成》第七卷（民國），高等教育出版社 2003 年版，第 40 頁。

盡，卻也考得學生嘖有煩言，備感壓力。「五四」前後部分學校所掀起的「廢除考試風潮」很大程度上是肇因於此。

二、南京國民政府時期的校內考試管理

南京政府時期，各級學校的校內考試仍由各校自行舉辦。成立之初，各種學校的學業考試管理基本上延續北京政府時期的辦法，而自 1929 年 7 月起，南京國民政府陸續公佈相關法令，對學校的學業考試進行了規定。1935 年，南京國民政府頒佈《學位授予法》等法規後，又建立了高等學校三級學位制考試制度。政府在考試行政管理、考試內容設定方面，較北京政府時期有了更多的介入，考試管理更為加強。

（一）對高等學校學業成績考試的完善

1929 年 7 月 26 日，南京國民政府分別公佈《大學組織法》、《專科學校組織法》，教育部分別於同年 8 月 14 日和 1931 年 3 月 26 日公佈《大學規程》、《修正專科學校規程》。這些法規中，對高等學校學生學業成績考試制度進行了簡明規定。

此期高等學校的學生學業成績考試，分為臨時試驗、學期試驗、畢業試驗、畢業論文、畢業實習五種。

臨時試驗，由各系教員隨時舉行，每學期至少一次。其成績，須與聽講筆錄、讀書札記及練習、實習、實驗等成績，分別合併核計，作為平時成績。學期試驗，由院長會同各系主任及教員組織，於每學期末舉行。學期試驗成績，須與平時成績合併核計，作為學期成績。畢業試驗，由教育部派校內教授副教授及校外專門學者組織委員會舉行之。校長為委員長。每種科目之試驗，須於可能範圍內有一校外委員參與，遇必要時，教育部得派員監試。畢業試驗即為最後一學期的學期試驗，但試驗科目須在四種以上，至少須有兩種包含全學年的課程。畢業論文，須於最後一學年的上學期開始時，由學生就主要科目選定研究題目，受該課教授的指導，自行撰述。在畢業試驗期間，提交畢業論文評定委員會評定。畢業論文可以譯書代替。畢業論文或譯書認為有疑問時，應舉行口試。畢業論文或譯書成績，須與畢業成績及各學期成績合併核計，作為畢業成績。畢業實習，農、工、商各學院自第二學年起，須於暑假或寒假期內在校外相當場所實習若干時期，無此項實習證明書者，不得畢業。實習程序由各該學院自定，但

須呈經教育部核准。〔註 40〕

　　由於專科學生與大學學生有著不同的教學目標，其學業成績考試辦法，亦與大學有不同之處。《修正專科學校規程》中關於專科學生學業成績考試的規定，臨時試驗、學期試驗方法與大學相同，畢業試驗的科目爲五種以上，至少須有三種包含全學期的課程。其試驗科目數比大學多一種（大學至少有二種包含全學年的課程）。而大學要求作畢業論文，專科學校無此規定。此外，還規定醫學專科學校於第三年後，再實習一年。〔註 41〕

　　南京國民政府時期，學校考試權歸於學校，學業考試由學校舉辦，標準寬嚴自定。因而校內考試的水平各校不同，畢業生水平也難達一律。抗戰爆發後，「戰時國家財政困難，學校之增設與擴充，不能不按部就班，徐圖發展，素質之提高，則爲當前之妥圖」〔註 42〕。也就是說，高等教育管理重點，是放在提高教育質量和學生素質上。教育部先後進行了大學課程標準的整理和統一，審查教員資格，建立教學人員考覈制度，院系學科調整等工作。此時此境之下，高校校內考試在制度設計和管理上的弊端暴露得更爲明顯。如大部分高校無學年考試，只有學期考試；而畢業考試科目，一般都是最後一個學期的學習科目，相當於最末學期的學期考試而已，因而已學科目學生不再重視，僅僅注重本學期的科目。這種畢業考試辦法，實際上起不到督策學生全面掌握所學內容的目的。這些問題引起了一定的關注，〔註 43〕國民黨六

〔註 40〕　《大學規程》（1929 年 8 月 14 日），《教育法令彙編》第一輯，第 124～127 頁。楊學爲等主編《中國考試制度史資料選編》，黃山書社 1992 年版，第 656 ～657 頁。

〔註 41〕　《修正專科學校規程》（1931 年 3 月 26 日），《教育法令彙編》第一輯，第 150 ～153 頁。楊學爲等主編：《中國考試制度史資料選編》，黃山書社 1992 年版，第 669～670 頁。

〔註 42〕　《教育部長陳立夫關於「專科以上學校畢業總考本年務必普遍實行」的講話》，中國第二歷史檔案館藏：全宗號五，案卷號 6771。

〔註 43〕　如「青士」曾於 1933 年著文說，由於學分制和大學課程分割過甚，讓學生誤認爲其大學過程「並非完全之整體，不過若干連續排列必須逐一跳過之木欄或障礙物，一經跳過，即可置諸腦後」，建議把大學分爲前後二期，前兩年爲前期大學，著重在工具準備與文化教育，後兩年爲後期大學，致力於專業訓練與專科研究。兩期分別考試，前期考試不過不能進入後期學習，強調大學學習的連貫性（參見青士：《學分制與考試制之利弊》（1933 年），《教育與職業》第 144 期）。又如清華大學一人士針對「本校考試制度不良所發生之影響，和亟宜改善和補救問題」發表意見，認爲「本校有些全年學程，評定成績，頗不合理，比方普通物理和微積分，上學期及格，而下學期年考不及格，與上學期成績合起來不及六十分，便算全年學程不及格。……然查年考之範圍，

中全會及國民參政會，對於高等學校，曾有注重實質與嚴行學校各種考試的決議；第三次全國教育會議，亦有將第一次全國教育會議所決議的《以後各大學辦理畢業時，應舉行學生歷年課程之總考試》案，重新提付討論通過。〔註44〕1940 年，教育部認為，專科以上學校學生程度較之過去已有提高，但與數量上的發展相比，尚有差距。

　　為提高專科以上學校學生程度和高等教育質量，教育部於 1940 年制訂並開始嚴格執行《專科以上學校學生學業成績考覈辦法》。該辦法共 6 條，主要內容為：（一）每學期內至少舉行一次臨時試驗，試卷由校保存，一年內教育部由隨時調閱，或於派員視察時，按照課程抽查。（二）學生平時聽講筆錄、讀書札記，以及練習，實習實驗報告，應與臨時試驗分別合併核計，作為平時成績。（三）學期試驗應於每學期末嚴格實施，不得提前；並須於平時成績合併核計後作為學期成績，造冊呈部備核。（四）學期試驗不及格科目在 40 分以上不滿 60 分者，得予補考。但以一次為限。其不滿 40 分者，不得補考，應令重讀。如不及格科目之學分數，逾該學期修學分總數三分之一以上者，應令留級。逾二分之一以上者，應令退學。（五）畢業試驗改為總考制，除考試最後一學期科目四種以上，專科學校及專修科五種以上，至少須有二種（專科學校及專修科三種）包含全學年之課程外，並須通考其以前各年級所習專門主要科目三種以上。不及格者，不得畢業。畢業試驗科目須於呈報應屆畢業生時，報部核定。（六）畢業實驗委員會及學生畢業論文（專科學校及專修科無需畢業論文），務須依照大學規程及修正專科學校規程之規程嚴格實施〔註45〕。

僅限於下學期所授之科目，上學期並不包括在內。這難道上學期之力、熱、聲學或微分及格，而電、磁、光或積分不及格，合起來便算整分學程不及格麼？這真令人不解。」實際上批評的也是分割科目考試問題（參見學聖：《改革本校考試制度芻議》，《清華副刊》第 43 卷第 1 期，1935 年 5 月 15 日）。也有考試史著作認為「這種考試制度施行後，難免養成學生因循苟且避重就輕的習慣，其影響教學本質者殊非淺鮮……恒為社會人士所批評」（參見謝青、湯德用主編：《中國考試制度史》，黃山書社 1995 年版，第 580 頁。）。

〔註44〕第一次全國教育會議（1928 年）的決議應是畢業總考制之議的發端，1930 年第二次全國教育會議亦有類似決議。參見《成績考覈之注意》（1942 年 1 月），中國第二歷史檔案館藏：全宗號五（2），案卷號729；又見教育部高等教育司編：《高等教育·概述》。

〔註45〕《專科以上學校學生學業成績考覈辦法》（1940 年），《教育通訊》第 3 卷第 19 期（1940 年 5 月 18 日）。

　　上述 6 條新規定中的關鍵，在於實行畢業總考制。它規定，除考試最後一學期的課程外，還必須就二、三年級所學科目中，指定三門爲加考科目。與前一時期畢業考試，即除兩科內容覆蓋最後學年的課程外，餘者均爲最後一學期的學期考試相比，畢業考試內容增多，難度加大。教育部在回答有關學校學生反對畢業總考的要求時〔註 46〕，認爲大學畢業總考制的實施，不在加重本年學生的負擔，而在於改良考試的內容。該項考試，無論從學生就業還是以社會需要方面著眼，均爲必需而極「合理」的措施。至於幾所學校學生提出「展緩」或停辦畢業總考的理由，均不能成立。學校考試旨在考覈學生平時所受課業的體會程度，並非鼓勵臨時準備，以爭一日之所長；而總考科目爲二、三年級所主修，畢業學生如果平時勤奮學習，而能在處理新課之餘，溫習舊業，值此總考時，所須準備時間和精力，當不爲多。況且畢業總考制與中學會考不同，不是考全部課程，而是只須選考二、三年級所習之主要課程三種。此項課目係由各校就各系課程中之必須課目分別擬定，教育部不予以統一的限制，故實行應無困難。

　　對學生，特別是對應屆大學畢業生來說，本來參加完本學期考試即可畢業，卻又突然加考已學過並已丟開兩三年的內容，很多學生自是不能接受，所有才有中央大學、重慶大學、四川大學、浙江大學等數校學生要求停止畢業總考。但這似乎也不能代表輿論的全部，甚至稱不上輿論主流。如有人以「大學總考該麼？」爲題寫文章說，大學畢業應學到眞才實學，「眞實東西，當然是隨身本領，應該應聲而出，不需要長期準備的了」，「學校考試受得了，總考有什麼受不了？」認爲這樣考「受不了」、通不過的話，「那就讓他好好

────────────

〔註46〕教育部推行畢業總考制，出於嚴格學校考試管理，提高教學質量的目的，也基於已有之成功經驗。如金陵女子文理學校、之江文理學院等校，實行畢業總考制已有數年，且覺甚有成績；又如大學醫學院及醫學專科學校，分別通考前 3 年和後 2 年所修科目，前期和後期兩次考試及格者方准畢業。這些方法實施數年，並未見困難（參見《中國考試制度史》，黃山書社 1995 年版，第 581 頁）。但儘管如此，仍有部分學校學生抵制總考制。1941 年，四川大學、浙江大學、中央大學應屆畢業生向教育部呈文，要求推遲或停止推行畢業總考制，理由有三，一是無充分準備時間，二是體力有所不濟，三是難以選擇適合各校課程之應考科目。參見《教育部對中大學生要求免除畢業總考的批覆》（1941 年 4 月）；《四川大學四年級全體學生請展緩舉行總考》（1941 年 4 月 26 日）；《浙江大學學生呈請停止大學畢業總考》（1941 年 6 月）。中國第二歷史檔案館藏：國民政府教育部檔案，全宗號五②，案卷號 671。

的在學校裏多讀他這麼一兩年，又待何妨！」〔註 47〕明顯是支持教育部總考制部令的。

而畢業總考實施情形又如何呢？教育部長陳立夫說，畢業總考「在本年部未公佈此項考試辦法以前，即有若干大學早已實施。去年辦法公佈以後，除少數學校因奉令較遲未及實行外餘均遵辦。本年務須普遍實行。各校均已將準備辦理情形，呈報到部」〔註 48〕。時任華中大學（教育部立案的私立大學）副校長的韋卓民先生在回憶華中大學的考試制度時說：「學生升級畢業必須通過嚴格的考試，大學頭兩年四個學期的功課，必須按各系規定全部讀完，考試合格，學校還要舉行一場非常嚴格的『中期』考試，包括中文、英文和兩項專業，是算兩年學習的總賬。『中期』考試不及格的，仍須重讀第二年的功課。學生讀完三、四級全部功課在班內考試合格後，學校又要舉行一次統考，算整個四年的總賬」〔註 49〕。韋先生所憶是抗戰前的學校考試制度。當時即使無教育部督策，學校考試已非常嚴格。一方面，正因爲有部分學校早已實行畢業總考制，後來部令推行自無阻礙；反對的只是部分學校的學生。另一方面，推行中面臨較大的政治或行政壓力，如國民黨情報機關懷疑，反對總考制是共產黨員學生發動的。〔註 50〕所以，當局態度更爲堅決，重申「不參加此項考試者，應以未完成畢業考試論」，不准畢業。不過，總體來說，畢業總考制的推行還算順利。

1941 年 11 月，教育部又公佈實施《專科以上學校學生學籍規則》，並於1947 年 3 月修訂公佈，其中關於學生學業成績考試的規定，較之前制更加詳盡和切實。對參加補考課程的分數由 40 分放寬到 50 分，但補考及格者「概

〔註 47〕 方君：《大學總考該麼》（1941 年 5 月 18 日），中國第二歷史檔案館藏：全宗號五，案卷號 6771。原件無刊發出版物名稱，但以同一案卷中另一篇反駁文章《駁方君「大學總考該麼」文》（作者懲愚，亦無出版物名稱）看，應是公開發表的文章，看來當時有一場公開爭論。

〔註 48〕 《教育部長陳立夫關於「專科以上學校畢業總考本年務必普遍實行」的講話》（1941 年）。中國第二歷史檔案館藏：全宗號五，案卷號 6771。

〔註 49〕 韋卓民：《武昌文華書院及其後身華中大學》，載《武漢文史資料文庫》第四卷（教育文化），武漢出版社，1999 年，第 77 頁。

〔註 50〕 戴笠曾報告說，在「大學畢業首屆會考之期」（即畢業總考），中大和重慶大學的共產黨分子丁履法、曾聯松等，藉學生規避考試之心理，發起反對畢業會考，以期造成學潮，擾亂秩序。《戴笠報告中大重大共產黨學生發起反對會考情形》（1941 年 5 月 12 日），中國第二歷史檔案館藏：國民政府教育部檔案，全宗號五②，案卷號 671。

以 60 分計算」；而在畢業總考不及格處理上，增加了一次補考機會，顯示出一定的靈活性。〔註 51〕這似乎可視作教育行政當局對畢業總考制在管理尺度和考試難度上的一點妥協，但抓牢考試權、嚴格管理的原則卻並無改變。

（二）對中等學校學業成績考試管理的加強

根據 1932 年 12 月公佈的《中學法》的規定，中學分爲初級中學和高級中學，修業年限各三年。單設者稱初級中學和高級中學，合設者稱爲中學。中學分爲省立、市立、縣立、聯立〔註 52〕、私立五種。中學的教學科目和課程標準由教育部確定，並可視地方需要設置職業科目。〔註 53〕教育部根據《中學法》制定《中學規程》〔註 54〕，規定中學校學生成績，分爲學業、操行及體育成績三項。考查中學生學業成績考試分爲四種：日常考查、臨時試驗、學期考試、畢業考試或畢業會考。除中學畢業會考依另定之專門會考規程辦理外，中學學業成績考試均由中學自行舉行。現將四種考試分述如下：

日常考查。其方式分爲口頭問答、演習練習、實驗實習、讀書報告、作文、測驗、調查采集報告等，由各中學依各科的性質與特點酌情采用。

臨時試驗。由各科教員隨時於教學時間內舉行，不得預先通告學生，每學期每科至少舉行二次以上。各科日常考查成績與臨時試驗成績合爲各科平時成績。日常考查成績在平時成績內占三分之二，臨時試驗成績占三分之一。

學期考試。於學期終各科教學完畢時，考試一學期內所學習的課程。各科平時成績與學期考試成績，合爲各科學期成績。平時成績在學期成績內占五分之三，學期考試成績占五分之二。中等學校最後一學年的第二學期，免除學期考試，而以各科平時成績作爲學期成績。但參加會考的學校，仍須舉行最後學期考試。無學期成績的學科或成績不及格的學科在三科以上的學生，或僅二科無學期成績或不及格（均指主要學科）均應留級一學期，連續留級以二次爲限。無學期成績的學科或成績不及格的學科僅有一科，或有非主要科目二科無學期成績或不及格者，均應令於次學期仍隨原學級附讀；經補考及

〔註 51〕參見《專科以上學校學生學籍規則》（1941 年 11 月 29 日教育部第四六三三九號令公佈；1947 年 3 月 27 日教育部第一七〇〇〇號令修正公佈）。《教育法令》第 162～164 頁。

〔註 52〕由兩縣以上合設立的，爲某某縣聯立中學。

〔註 53〕參見《中學法》（1932 年 12 月 24 日），《教育法令彙編》第一輯第 154～155 頁。

〔註 54〕參見《中學規程》（教育部 1933 年 3 月公佈，1935 年 6 月 21 日修正公佈，1947 年 4 月 9 日修正公佈），《教育法令》第 205～212 頁。

格後，准予正式進級；如仍不及格應於次學年仍留原年級肄業。但此項補考及留級，均以二次（原為一次）為限；如仍不能升級，發給修業證書，令其退學。

畢業考試或畢業會考。畢業考試於中等學校修業期滿後，考試所學全部課程。參加畢業會考的學生，免除畢業考試。每學生各學年成績（一、二學期成績的平均數）平均，與其畢業考試成績合為該生的畢業成績。各學年成績平均，在畢業成績內占五分之三，畢業考試成績占五分之二。畢業考試成績內不及格學科在三科以上，或僅二科不及格（指主要學科〔註55〕）者，均留級一學年。但此項留級以二次為限。如仍不能畢業，發給修業證書，令其退學。畢業考試成績內有一科不及格，或非主要學科有二科不及格者，可補考二次；如仍不及格，不予畢業。

師範學校、職業學校規程中有關學生學業成績考試的規定，與中學大致相同。只是由學校性質所決定，師範學校和職業學校的學業成績考試，在方式上更注意實踐環節考察，對學生實習的要求更加嚴格。如師範學校規定學生實習考查分三方面，一是參觀及見習成績考查，包括事前準備、進行狀況、文字報告，占實習總成績的 30%；二是教學實習成績考查，包括事前準備、課堂教學、課後處理，占實習總成績的 40%；三是行政實習成績的考查，含事前準備、行政處理、文字報告，占實行總成績的 30%。三項實習成績先由指導人員考覈，並由實習指導委員會評定。〔註56〕而《職業學校規程》則規定，職業學校實習學科，得免除各種試驗，其成績即以平時成績累積計算。實習成績至少應占總成績的 1/3。〔註57〕師範學校和職業學校都有規定，實習不及格者，不得晉級和畢業。

上述中等學校的學業成績考試，均由教育部作出規定；考試的組織、命題、評卷、評定，則由各學校辦理。具體實施中，自然是在內容和難度掌握、考試寬嚴等方面參差不齊。為了增進教學效能，提高教育質量，教育部指令各級教育行政機關，應於平時用考試方法，考查所屬中學學生的學業成績。

〔註55〕 這裡的主要學科，在初中為國文、英語、數學、勞作；在高中為國文、英語、數學、物理、化學。參見《修正中學規程》第 64 條。

〔註56〕 《師範學校（科）學生實習辦法》（1941 年 12 月 6 日公佈），《第二次中國教育年鑒》第七編師範教育。楊學為等主編：《中國考試制度史資料選編》，黃山書社 1992 年，第 727 頁。

〔註57〕 《職業學校堆積》（1933 年 3 月教育部公佈），《近代中國教育實況》第 122～125 頁。楊學為等主編：《中國考試制度史資料選編》，黃山書社 1992 年版，第 733～735 頁。

這實際上是設立抽查考試，驗查中學教學效果，以起到督策的作用。1934 年 1 月 12 日，教育部「第 378 號部令」公佈《各項教育行政機關平時考查中等學校及小學學生學業成績辦法》。其中規定：各級教育行政機關對於所屬中等學校，可隨時指定學校、班級或科目舉行考試，每學年至少一次。舉行之前，應進行考試的學校、班級、科目及日期不得宣佈。各級教育行政機關舉行是項考試時，對於上屆未參加會考的初級中學、會考成績低劣的科目、高初中未會考的科目，應「特別注重」。平日考試嚴密、成績優異的學校，可免除是項考試，但各校不得自行請求。舉行學期、學年會考的中等學校，可免除是項考試。體育、勞作等科成績的考試，不能應用筆試的，應由主管教育行政機關另定考試辦法。是項考試的命題方式及成績核算方法，由各級教育行政機關詳細訂定辦法施行，並呈報上級教育行政機關備案。

這一時期，師範學校的畢業考試制度也有所變化。1944 年 8 月 9 日，教育部公佈《師範學校學生畢業考試監考辦法》。其中規定：各省市師範學校學生畢業考試，由各省市教育局所派的監考人員（應考學校教職員不得參加），就應考科目一科或數科命題並評閱試卷，並可組織命題、閱卷委員會辦理。監考人員應實際考查應屆畢業學生教學能力，並面試勞作、音樂、體育等科。不及格者，不得予以畢業。〔註 58〕

總的看來，對高校、中學的學業成績考試，由於考試由學校舉辦，難免寬嚴各異。對此，教育行政管理部門是不放心的，或者說對教學質量有擔心。當然，這種擔憂也是有事實依據的。南京國民政府統治初期，中等教育規模擴張很快，高等教育也有較大發展，學校和招生數量都有較大增加，但教育質量並未得到有效保證。國民黨第三次全國代表大會的政治報告就指出：「中國教育有六濫：1. 學校濫；2. 辦學之人濫；3. 師資濫；4. 教材濫；5. 招生濫；6. 升學濫。」學校「不能養成青年之學問、品格與技能，只是增加其放浪之精神與物質之欲望。」〔註 59〕有鑒於此，政府先後決定設立中學、師範學校學生畢業會考制度。在校內考試方面，加強畢業考試管理，要求高校實行畢業總考制；對中學實行平時抽查考試，甚至對師範學校的畢業考試派出監考員，拒絕應考學校人員參與考試組織，實際上是

〔註58〕 參見謝青、湯德用主編：《中國考試制度史》，黃山書社 1995 年版，第 605～606 頁。

〔註59〕 《教育雜誌》第 25 卷第 1 號第 9 頁。轉引自《中國考試制度史》，黃山書社 1995 年版，第 607 頁。

將畢業考試權收歸地方教育行政部門。這些行政行爲說明，國民政府教育部充分認識到考試對教學的監測與檢測功能，並希望通過考試這些功能的發揮，有效促進教學質量的提高。此舉使此期的校內考試，由相對寬鬆走向相對嚴格，由學校自主辦理走向教育行政力量干預學校考試。通過這個管理渠道，政府也加強了課程管理，並通過考試科目、考試內容的一統性，強化了意識形態的控制。

三、學位制考試的創立

民國時期，現代學位制和研究生教育引入中國。1912 年 10 月 24 日，教育部公佈《大學令》，規定「大學各科學生修業期滿，試驗及格，授以畢業證書，得稱學士」；「大學院生在院研究，有新發明之學理或重要之著述，經大學評議會及該生所屬某科之教授會認爲合格，得遵照《學位令》授以學位」。然而，當時並未頒佈配套的《學位令》，因而沒有確定大學院生（即研究生）可以獲得何種名稱的學位。民初雖有研究生制度，但實際上在民國成立後近十年裏並未實施研究生教育。與之相聯的學位考試，亦是遲至 1935 年《學位授予法》公佈之後才得以開展。但由於研究生教育整體發展水平不高，徒有較爲完備的學位制考試規程，考試組織卻乏善可陳。

（一）學位制的設計和創立

1918 年後，部分高校開始招收研究生。蔡元培在北京大學校長任上，於 1918 年成立了文、理、法三種 9 個研究所，在此後一年裏招收 148 人。這是我國最早的研究生，北京大學由此開創我國研究生教育之先河，該校還制定了一系列研究生教育的章程和管理辦法。〔註60〕清華大學於 1925 年成立研究院國學門（通稱國學研究院），1925 年和 1926 年各招研究生 29 名。前後四屆共畢業 74 名。〔註61〕這個階段，我國研究生教育剛剛起步，學位授予問題雖早已有所籌劃，但一直未予實施，或僅停於條文之上。如前述 1912 年公佈《大學令》和 1913 年公佈的《大學規程》，都提到將遵學位令授予學位；1914 年徐世昌飭法制局擬定的學校考試獎勵辦法規定：大學畢業生品端學優者，給

〔註60〕這些規章制度都刊於《北京大學日刊》中，如 1917 年 11 月 16 日刊有《研究所（通則）》、《研究所辦法草案》；1918 年 7 月 16 日刊有《研究所總章》；1920 年 7 月 30 日刊出《研究所章程》等。

〔註61〕參見蘇雲峰：《從清華學堂到清華大學（1911～1929 年）》，三聯書店 2001 年版，第 290～294 頁。

以學士名銜，學士有專門著述，經大學院評定，可授以博士銜。1915 年袁世凱頒佈的《特定教育綱要》，也在學位獎勵的條文中提出組織博士會作爲審授博士學位的機關。實際上，這些設想規定都未實行。〔註62〕

1935 年 4 月，南京國民政府公佈《學位授予法》〔註63〕，宣佈自 1935 年 7 月 1 日起，開始實施學位授予制度。學位分學士、碩士、博士三級，但特種學科得僅設二級或一級。同年 5 月和 6 月，教育部又先後公佈了《學位分級細則》和《碩士學位考試細則》、《博士學位考試細則》等一系列學位制考試法規，規定文、理、法、商、教育、工、農、醫八個學科均建立三級學位制，亦相應建立三級學位制考試制度。從而建立了一整套學位授予辦法和學位制考試制度。這些考試制度，按規定仍由授予學位的學校組織實施，授予的也是本校學位，因而本研究將它歸於校內考試一節中論述。

（二）學位制考試的相關規定

學士學位考試。按規定，凡曾在公立或已立案之私立大學或獨立學院修業期滿，考試成績合格，並經教育部覆核無異者，由大學或獨立學院授予學士學位。這實際上是將大學學業考試，同時賦予學士學位考試的性質和功能，且以大學本科畢業程度作爲學士學位授予標準。

碩士學位考試。依照《學位授予法》和《大學研究院暫行組織規程》，碩士學位候選人必須具有以下三項資格：（1）依《學位授予法》授有學士學位，或於「學位法」施行前曾在本國公立或立案私立之大學或獨立學院本科畢業，或曾在教育部認可之國外大學得有相當於學士之學位者；（2）曾在《學位授予法》第四條所定研究院或研究所繼續研究兩年以上者；（3）修畢規定課程，完成研究論文，經所屬院所以平時考試稽核方式，證明成績合格者。

合格的碩士學位候選人，必須參加碩士學位考試。考試由學校成立的碩士學位考試委員會（由教育部核准的校內外各占一半的委員組成）主持，分爲學科考試、論文考試兩種。學科考試，由考試委員會就候選人所修學科中，指定與論文有關係的兩種以上科目舉行筆試。必要時，須在實驗室舉行實驗考試。學科考試至少有一名校外委員主持。論文考試，由考試委

〔註62〕 參見吳鎮柔等主編：《中華人民共和國研究生教育和學位制度史》，北京理工大學出版社 2001 年版，第 5～6 頁。

〔註63〕 《學位授予法》（1935 年 4 月 22 日），中國第二歷史檔案館藏：全宗號六四八，案卷號 867。

員會就候選人所交論文中提出問題進行口試；必要時須舉行筆試。學科考試及論文考試，均於每學年第二學期末舉行，具體日期及時間，由碩士學位考試委員會決定。候選人應於考試期前一個月提交研究論文及論文提要各兩份。論文及提要均須用本國文字撰作；但同時須提交用外國文字撰寫的副本。如已經取得他種學位的論文，不得再次提出。每一候選人的論文，由校外委員兩人審查，其口試或筆試，至少有一名校外委員參加主持。候選人考試成績，經主試各委員分別評定後，由全體委員最後決定。其學科成績和論文成績，分別占 40%和 60%；兩種成績各在 60 分以上，方爲及格。候選人考試合格的論文（附提要一份）試卷及各項成績，應於考試結束後一月內，由校呈教育部覆核。

　　博士學位考試。依照《博士學位考試細則》，博士學位候選人必須具備下列資格之一：（1）獲得國內外大學碩士學位，並在教育部認可的研究院或研究所繼續研究，至少滿兩年且成績優異，經該院所所證明者；（2）獲得國內外大學碩士學位，並曾任講師三年以上，經教育部審查合格者；（3）曾任公立或已立案的私立大學或獨立學院教授滿三年以上，經教育部審查合格者；（4）在學術上有特殊的著作、發明或貢獻者。凡具有上述資格之一者，可向國立大學的研究院、所或國立的獨立研究院、所提出論文，連同本人資歷的證件，申請爲博士學位候選人。論文的初步審查，遇必要時，得由博士學位評定會推薦爲博士學位候選人。審查論文的標準：該論文對於該科學術，確有重大貢獻；該論文在寫作時，確曾充分參考該論文所包括問題已經研究的成果；該論文確能表示作者瞭解研究該科所必須的主要外國文字。以上論文，須由該研究院所主管人員送請研究該學科的專家三至五人審查。各研究院所審查合格的論文，應由審查人及該研究院所主管人員共同署名，由該研究院所送請教育部，爲博士學位候選人的審查。博士學位評定會對於候選人的論文，應由本會委員及會外專家五人予以審查，並分別注明可否，以三人評可者爲合格。論文合格的候選人，由博士學位評定會舉行口試，但經博士學位評定會推薦的候選人，經評定會出席委員四分之三以上記名投票者，可免除口試，但評定會委員須出席三分之二以上。口試除審查委員外，並由評定會另聘專家四人共同主持，互推一人爲主試委員，就論文內容及與論文有密切關係的問題進行考詢。口試時，先由候選人口述論文大意及研究經過；再由主試委員及考試委員依次提問，由候選人逐一答對。凡論文審查口試成績均

及格的，由博士學位評定會呈請國民政府授予中華民國博士學位，並將其論文予以刊印。

（三）學位制考試的實施

依照《學位授予法》的規定，高校和研究院所是無權授予博士學位的。此權限由國民政府掌握，因而稱爲「中華民國博士學位」。所以《博士學位考試細則》中規定，論文經研究院審定後送交教育部，由教育部組織學位評定會進行審查和口試。1933 年，博士學位考試之議初現，當時學界在表示歡迎之餘，對大學和研究院不能授碩士、博士學位持有異議。胡先驌曾說：「國立大學如清華大學所辦之研究院，雖在其中研究三年，不但不得學位，甚且不得稱爲碩士，將何以獎勵篤學之士乎？」「爲國家宏獎學術計，則不可不有此種學士以上之碩士、博士學位也。」因而「報載教育部有舉行博士考試之議」時，他認爲「此誠學術界盛事，教育部能見及此，亦可謂差強人意之事也」〔註 64〕。然而，此等「差強人意之事」，卻還是「只聽樓梯響，不見人下來」，遲遲無有行動。在頒佈學位授予法十六年後的 1947 年，胡適博士對「國家博士試」遲遲不予舉行、國家一直未授博士學位的現狀提出批評，要求由「政府核准設立研究所五年以上並經特許收受博士候選人之大學或獨立學院自行審查考試」，「讓國內有資格的大學自己擔負起博士學位的責任。」〔註 65〕實際上，這是要求修改法令，將學位授予權、學位考試權交給培養單位。可見，民國時期的考試權之爭，並不受教育層次之限，從初等教育到高等教育，從地方到中央都存在。

對此期創辦的學位制考試，現在一些考試史著作評價並不高。究其原因：一是當時研究生教育發展有限，學位制度尚不健全。據統計，從 1935 年國民政府頒佈《學位授予法》到 1949 年南京國民政府結束，全國碩士學位累計授予 200 餘名，博士學位未曾授予。研究生人數少，教育規模小，其學位考試影響也不可能大。二是制度與實施分途，學位考試制定了一套制度，但由於戰亂、管理等方面原因，制度翔實而實施卻不到位。自 1937 年首次碩士學位考試至 1949 年，全國僅舉行過九屆碩士學位考試，博士學位考試則未舉行。當然，這一時期學位制度和學位制考試制度的建立，有利於保證和提高高等

〔註 64〕 胡先驌：《論博士考試》（1933 年），《獨立評論》第 64 號。
〔註 65〕 胡頌平：《胡適之先生年譜長編初稿》第六冊，第 1994 頁。轉引自謝青、湯德用主編：《中國考試制度史》，黃山書社 1995 年版，第 597～598 頁。

教育的質量，有利於集聚高校科研力量，提高高校科研水平；也正是這一套制度，構成了後來新中國學位制度的基礎。因此，它對中國研究生教育的發展和高級人才的培養，具有積極的作用。同時，它的建立，最終使科舉廢除之後，讀書人在考官與考學分途的情況下，有了一個學業成就的「榮譽稱號」。這個西洋泊來的「科名」，替代了中國科舉原有的學位授予功能，完成了科舉功能在特定意義上的「復活」。

第三節　入學招生考試的演變

入學招生考試制度，是教育制度體系的重要組成部分。特別是高等學校的招生考試，由於其具有分配高等教育機會以及由此帶來的就業機會和社會地位等社會稀缺資源的功能，往往對社會具有導向作用，同時，它又折射出一個社會或某一社會階段的政治信念、經濟發展、文化理想和教育水平。

一、北京政府時期的入學招生考試

北京政府時期，無論是高等學校還是中等學校，入學招生考試權均交由學校，命題、施考、閱卷、錄取，概由學校自主辦理，教育部僅作一些原則規定。因而這一時期各級各類學校的招生考試特色各異。

（一）高等學校入學招生考試

按北京政府頒佈的學制，其時高等學校分為大學院（設在大學內）、大學、專門學校三個層次。大學院為大學教授和學生「極深研究之所」，修業年限不定。大學以教授高深學術、養成碩學宏材、應國家需要為宗旨。大學分為預科和本科，預科學制三年，本科學制三至四年。專門學校以教授高等學術，養成專門人才為宗旨，分為預科、本科、研究科三級，預科學制一年，本科學制除醫學、商船專門學校為四年外，其餘都是三年，研究科學制為一年以上。〔註66〕

就報考資格而言，根據 1913 年頒佈的《大學令》和《大學規程》的規定，大學院的入院資格，為大學各科畢業生或經試驗有同等學力者；大學本科入學資格，須在本科畢業或經試驗有同等學力者；預科生入學資格，須在

〔註66〕參見《大學令》、《大學規程》，中華民國教育部編《中華民國教育法規》（1919年 5 月）。

中學校畢業，及經試驗有同等學力者。中學如超過定額時，應舉行競爭試驗。〔註67〕1917 年，大學預科的招生資格又改爲「須在中學校畢業或經中學畢業同等學力試驗，得有及格證書者，但入學時應受選拔試驗。」專門學校入學資格，須在中學畢業或經試驗有同等學力者。〔註68〕專門學校入學資格，與大學預科要求相同。教育部特准，法政專門學校暫設「別科」，招收年齡在 25 歲以上，具有一定國學根底者。

　　民初高、中等學校招生對報考資格規定有一個共同特點，就是准許同等學力者報考，使報考資格顯得寬鬆。這基於三個原因：一是因爲民初新式教育尚未普及，許多青年沒有按新學制接受系統教育，小學升中學、中學升大學的教育銜接尚不完備，若一味堅持入學的學歷門檻，既不符合實際，也不能體現新教育公平公正的宗旨。二是鼓勵自學成才。自學成才在中國有著悠久歷史，是中華民族的優秀傳統，歷代歷朝均有自學成才者成就事業，同意自學人才以同等學力身份報考，是對優秀傳統的繼承和發揚。三是當時中等教育規模有限，若嚴格要求報考學歷，則各高等學校生源會成問題；允許同等學力者報考，可以擴大生源。但是，有的高等學校在招生困難或力求擴大規模時，又往往籍「同等學力」一語，遷就學生，降低要求，並未認眞重視教育部要求對同等學力者舉行試驗，「致令程度不齊之學生，受同等之教育，事倍功半，實效難期」〔註69〕。爲此，教育部於 1915 年 6 月和 7 月兩次通咨各省，規定：「各項專門學校招生，務須一律從嚴，所錄各生，同等學力者不得逾中學畢業生十分之二。」〔註70〕教育部並要求各中學招生時比照此規定，對同等學力資格報考的錄取略加限制。此後濫收同等學力者的情形受到節制。但亦有人提出反對意見，認爲對文、理科學生應區別對待。〔註71〕

〔註67〕參見《大學令》、《大學規程》，中華民國教育部編《中華民國教育法規》（1919年 5 月）。

〔註68〕《修正大學令》，中華民國教育部編《中華民國教育法規》（1919 年 5 月）。

〔註69〕《教育雜誌》第七卷第 7 號記事（1915 年 7 月）。楊學爲等主編：《中國考試制度史資料選編》，黃山書社 1992 年版，第 592 頁。

〔註70〕《各專門學校招生同等學力者不得逾中學畢業生十分之二》，教育部編：《中華民國教育法規》（1919 年 5 月）。

〔註71〕北京私立朝陽大學校長汪有齡就曾向大專中學校長會議提出議案，要求廢止文科學校考取新生中學畢業同等學力者不得超過二成的規定，他認爲，這一規定「欲使後此受高等教育者，多數皆爲具有普通智識之人；一面又可促進

在招生考試的考試科目方面，民初《大學規程》有一個比較詳細的規定〔註72〕，但各校在招生考試中並未完全遵行。當時高校招生，除大學院外，一般都分預科和本科兩個階段，而預科與本科招生考試的科目又略有不同。下面這個統計表頗具代表性，可以看出當時招生考試的基本情形（見表4-2）。

表4-2　北京市直轄各校招生一覽表

校名及招生科目	大學預科		法政預科			工業專門		醫學專門	注意欄
	第一類	第二類	法律	政治	經濟	本科 應用機械 化學電器 機織	預科	本科	資格：以中學畢業及與有同等之程度者　報名處：上海在江蘇教育總會、湖北在省城教育司署、北京在各本校
名額	八〇	八〇	七〇	七〇	七〇	六〇	六〇	一〇〇	報名日期：七月二十一日起至七月三十一日止
試驗科目　歷史	考	考		考					試驗費：二元，不發還
地理	考	考		考					
國文	考	考		考		考		考	照片：四寸半身最近照片一張，有文憑者同時呈驗
英文	考	考		考		考		或考德文	
數學	考	考		考				考	試場及試期：臨時在各報名處揭示
理化	考	考				考		考	
博物	考	考						考	志願大學預科注意：凡未畢業中學校學生願入大學預科第一類者得於理
圖畫	考	考				考			
畢業年限	三年		一年			三年	一年	四年	
每年學費	二十元		同左			同左		同左	

中等教育。立意非不美也」，但是，就實科而論，「欲受高等教育，自非先受完全普通教育不可。在文科情形則微有不同，非國文素有根底者，殊難收教育之功」，作出不超過二成限制後，「各校歷年招生時，國文佳卷往往有礙於十分二之比例見選者。」因此，「現今國家社會方提倡普及教育之不暇，斷無對於欲進受高等教育者，以其僅有中學畢業同等學力之故，反嚴立限制，從而阻之之理。」《大專中學校長會議議案》，中國第二歷史檔案館藏：全宗號一〇五七②，案卷號16。（原件無時間）

〔註72〕《大學規程》（1913年1月12日），教育部編：《中華民國教育法規》（1919年5月）。

| 寄　宿 | 有 | 無 | 無 | 無 | 化博物圖畫三門免試二門。入第二類者除農科及理科中之地質礦物及動植物學專門志願外得免試博物除工科志願外得免試圖畫 |

資料來源：《教育雜誌》第 5 卷第 3 號　記事・大事記（民國二年三月）

　　一些高校的招生考試科目還分為必考和選考兩種，設置靈活，增加了學生的選擇餘地。如 1925 年清華大學的入學考試科目，就分為必須科和選科。並且，於選科之外，可以志願選擇普通中學科目作為替代。當然，須在報名時予以說明，並將該替代科目成績送招生學校審查核准方可。如下表（表 4-3）所示：

表 4-3　清華大學 1925 年入學考試科目表

項　目		科　目	說　明	
必須科		國文、英文、本國歷史地理	3 科為必考	
選種	第一類	初級代數、平面立體幾何、平面三角、解析幾何	可任選 1～2 科	必須在 3 類中選足 5 科
	第二類	物理、化學、生物	可任選 1～3 科	
	第三類	世界歷史、世界地理、經濟學、心理學、政治學	可任選 1～3 科	

資料來源：謝青、湯德用主編：《中國考試制度史》，黃山書社 1995 年版，第 521～522頁。

　　因科目並不一律，又因各校命題，對各科目要求的程度即考試難度也不相同，如交通大學就一直堅持以本校附中的畢業水平來要求〔註 73〕，因而該校附中以外學生要取考交通大學便較為困難。高等教育和中等教育間的銜接，由此變得矛盾突出。為此，1919 年，教育部公佈各專門學校大學招生辦法訓令，要求各專門學校和大學將考試科目、要求程度加以說明，「其一年級生或預科生所讀何書，以若何程度為課程之開始，函達各省教育廳，於每年寒假中通知各校，俾早準備，以便連接。」又明確要求：「嗣後各專門學校及

〔註73〕《交通大學校史》。轉引自楊學為等主編：《中國考試制度史資料選編》，黃山書社 1992 年版，第 577 頁。

大學預科招生,命題概須依照中學畢業程度,勿使太過不及,致於學校銜接有所妨礙。」〔註74〕此後各校在招生簡章上紛紛加以程度說明。如北京大學1920年招生章程就規定,國文的程度:大學預科爲能解釋文義、作文及句讀;大學本科是略通中國學術及文章的流變。外語的程度:大學預科的是文法和翻譯;大學本科爲曾讀過數種文學作品,能列舉及批評其內容,能以中外文互譯,能作文且無文法上的謬誤。數學的程度:大學預科爲算術、代數、平面幾何;大學本科爲代數、平面幾何、平面三角。〔註75〕

因爲是各校自主考試,考試時間也各不相同。每次公開招生之前,各學校都要公佈招生章則,將本校招生的要求、辦法等「廣而告之」。這成爲本時期學校招生考試的一個顯著特點。另外,各校考試地點所設不一,招生量大的學校還往往在幾個地方設立考點,如1925年清華大學招生,就在北京、上海、廣州、武昌四地設置考點。招生少的學校,就只在辦學地設一個考點。考生因此也可以同時報考幾所學校,以期中的。總的說來,民初高等學校招生,通常依據「寧缺毋濫」的原則,儘管規定了招生數量,儘管報考者眾,也並不降格以求,試圖一次招滿。因此常舉行多次考試,即第一次招生未滿額時,又進行第二次入學考試。1922年北京大學的入學考試,投考者達2488人,「爲歷年所未有」。而錄取僅163人,「僅占千分之六十五,較諸去年,相差遠矣」。北大將成績統計公佈於眾,「以促各校(指考生所在中學)之改進」。〔註76〕

(二)高等師範學校的入學招生考試

自晚清設立師範學堂起,爲鼓勵學生報考師範學校,培養良好師資,政府對師範教育一直比較重視,往往在規章管理方面,也對師範教育另行訂立。民初繼承了重視師範教育的傳統,在招生考試方面採行與其他大學或專門學校不同的辦法。

根據《師範教育法令》規定,高等師範學校以造就中學和師範學校教員爲目的;女子高等師範學校以造就女子中學校、女子師範學校教員爲目的。高等師範學校分爲預科、本科、研究科。修業年限,預科一年,本科三年,

---

〔註74〕《教育部公佈各專門學校大學校中學校招生辦法訓令》(1919年1月31日,訓令第三十九號)。《教育雜誌》第11卷第3號法令(1918年3月)。
〔註75〕《北京大學學生周刊》第16號第12版(1920年)。楊學爲等主編:《中國考試制度史資料選編》,黃山書社1992年版,第579~580頁。
〔註76〕《教育雜誌》第15卷第12號(1922年)。

研究科一年或二年。本科分國文部、英語部、歷史地理部、數學物理部、物理化學部、博物部六部。女子高等師範本科只分為文、理、家事等三科。為培養師範學校和中學校中缺乏的某科教員，並特設了專修科，修業期限二年或三年；為方便願充任師範學校和中學校教員者選習本科及專修科中的一個科目或幾個科目，還設立了選科，其修業期限二年以上三年以下。〔註77〕

　　高等師範學校預科及專修科入學資格，須身體健全、品德端正，在師範學校、中學校畢業，或具有同等學力者（女子師範學校無招收同等學力者之條款），由行政長官保送，並由妥實之保證人具保證書，送校長試驗收錄。前項保送之人，凡非由師範學校及中學校畢業者，其試驗科目之程度，應以師範學校、中學畢業為標準，並加口答試驗。預科每年招生一次，專修科臨時招生，其日期及數額，由校長酌定，但須先期通告。預科均為公費生，但可酌量情形收錄自費生。本科由預科畢業生升入。研究科公費生，由校長在本科及專修科畢業生中選取之。在本國或外國專門學校畢業及從事教育具相當之學識經驗者，經校長認可，得以自費入學。〔註78〕

　　高等師範學校招生辦法中，最為值得注意的是其「招考劃一」的原則與方法。其具體做法是：將全國劃分為幾個高等師範區，每一區設一所高等師範學校，這所高等師範學校校長除管理本校校務外，還要視察各該區的中等教育，協助本地區教育行政機關辦好中等教育。1913 年 6 月，全國劃為六個高等師範區，即直隸區、江蘇區、湖北區、廣東區、四川區和東三省區。不過，當時並未嚴格執行。〔註79〕至 1918 年，全國共有 6 所高等師範學校，北京另設女子高師一所。即：原京師優級師範學堂改辦的北京高等師範學校；兩廣優級師範學堂改辦的廣東高等師範學校；湖北區有 1913 年 7 月設立的武昌高等師範學校；江蘇區有 1915 年 9 月在「三江師範學堂」的基礎上成立的南京高等師範學校；四川區有四川優級師範學堂改辦的成都高等師範學校；東北區有 1918 年成立的瀋陽高等師範學校。以上六個區所設的高等師範學校，學科亦未盡同。為各就現行辦法力謀發展，解決各省缺乏的某科教員，

〔註77〕參見《師範教育令》（1912 年 9 月 29 日部令 14 號），《高等師範學校規程》（1913年 2 月 24 日部令第 6 號）。教育部編《中華民國教育法規》（1919 年 5 月）。

〔註78〕參見《高等師範學校規程》（1913 年 2 月 24 日部令第 6 號），教育部編《中華民國教育法規》（1919 年 5 月）；《教育部停立女子高等師範學校規程》（1919年 3 月 12 日），《教育雜誌》第 11 卷第 5 號，法令（1919 年 5 月）。

〔註79〕謝青、湯德用主編：《中國考試制度史》，黃山書社 1995 年版，第 518 頁。

規定可以便宜選送肄業。教育部認為：高師招生辦法，應破除省區界限；各省選送之額，應改為四分之三；各校直接招考之額，應改為四分之一；各省選送學生考試辦法，由各省妥定操行、體格及學科標準，經各省教育長官考錄，送校復試，再定去取。〔註80〕

這種招考劃一的辦法，在民初各學校自定章則、自行考錄的招生考試活動中顯得獨樹一幟，它體現了民國政府對師範教育的重視，顯示了政府調控教育招生的行政權威，是國家計劃和學校自主相結合原則的體現。它的實行範圍雖限於師範院校，但其背後體現的教育和考試思想，卻值得重視。自 1918 年始，對各省選送之額和直接招考之額的調整，緣於當年舉行的全國高等師範學校校長會議所提出的意見報告。該會議提出：「地方教育，宜謀均平，教育精神，要貴統一。」〔註81〕該報告針對的，是民初各校自主招生，面向全國公開招考，致使經濟教育落後地區的考生無法入選的現實問題；另一方面，也是針對各校自行命題，自定標準，這種使各地教育程度難趨統一，各層次教育難以合榫銜接的現實。而調整後由國家劃定計劃數額，並與各校自主招生相結合的「招考劃一」辦法，正是對這一「現時情勢」的反拔。

（三）中等學校入學招生考試

民國建立後，教育部於 1912 年和 1913 年先後公佈《中學校令》、《中學校令施行規則》、《師範學校規程》、《實業學校規程》等中等教育法規，建立了民國中等教育體系。中學堂改為中學校，師範學堂改稱師範學校，實業學堂改稱實業學校。這一時期的中等教育入學考試和學業成績考試，與高等教育一樣，均由學校自主辦理，教育部僅通過前述一系列法規作出原則性規定。

根據《中學校令》的規定，中學校「以完足普通教育、造成健全國民為宗旨」。〔註82〕中學校分為省立、縣立和私立，修業年限均為四年。1912 年，《女子中學章程》頒佈，各省始設女子普通中學。中學校入學資格，須在高

〔註80〕《教育部通令各高等師範學校招考學生辦法》（1918 年 5 月 31 日），《教育雜誌》第 10 卷第 7 號「記事」（1918 年 7 月）。

〔註81〕《教育部通令各高等師範學校招考學生辦法》（1918 年 5 月 31 日），《教育雜誌》第 10 卷第 7 號「記事」（1918 年 7 月）。

〔註82〕《中學校令》（1911 年 9 月 28 日公佈），教育部編：《中華民國教育法規》（1919 年 5 月）。

等小學校畢業及具有同等學力者。如具有高等小學校畢業資格者超過招生數額時，應舉行「入學試驗，其試驗科目爲國文、算術二科」。凡具有同等學力資格者，必須行入學考試；其考試科目爲國文、算術、歷史、地理、理科等，以高等小學畢業程度爲標準。〔註83〕

　　師範學校以培養小學教員爲目的。女子師範學校「以造就小學校教員及蒙養園保姆爲目的」。師範學校定爲省立、縣立及私立三種，分爲預科及本科。預科修業一年；本科第一部修業四年，第二部修業一年。預科及本科入學資格，須身體健全、品德端正，並且有下列各項學力之一：（1）在高等小學校畢業，或年在 14 歲以上與有同等學力者，可入預科；（2）在預科畢業，或年在 15 歲以上與有同等學力的，可入本科第一部；（3）在中學校畢業，或年在 17 歲以上的有同等學力的，可入本科第二部。報考者須由縣長官保送，保證人具保證書送校長試驗收錄；在高小畢業的，要呈驗畢業證書。師範學校的入學考試科目爲：高小畢業生考試國文、算術；同等學力的考試國文、算術、歷史、地理、理科等，以高小畢業程度爲標準。入學後，均要試習四個月以內。師範學校應地方需要應附設小學教員或國民學校教員講習科，女校應附設保姆講習科（訓練幼兒教師）。亦可爲培養手工、農業等專科教員設立講習科，講習科分爲二種：一是副教員講習科。招收身體健全、品行端正、高小畢業生或與有同等學力者，講習期一年以上；二是正教員講習科。招收身體健全、品行端正、有國民學校教員「許可狀」或具有同等學力者，講習期二年以上。〔註84〕

　　民初的實業學校以教授農工商業必需的知識技能爲目的，分爲甲、乙兩種，以省立、縣立及私立爲原則。甲種實業學校設預科及本科：預科學制一年，入學資格須年在 14 歲以上具有高小畢業或經試驗有同等學力者；本科學制三年，入學資格須預科畢業或經試驗有同等學力者。乙種實業學校，學制三年；其入學資格，須年在 12 歲以上，有初等小學之學力者。實業補習學校，爲已有職業或志願從事實業者傳授應用的知識技能，並補習普通學科，附設於小學校、實業學校或其它學校內。其入學資格，須在 12 歲以上、有初小畢業的學力，或初小雖未畢業，已過就學年齡者。實業教員養成所，

〔註83〕《中學校令施行規則》（1912 年 12 月 2 日公佈），教育部編：《中華民國教育法規》（1919 年 5 月）。

〔註84〕參見《師範教育令》（1912 年 9 月 29 日公佈）；《師範學校規程》（1912 年 12 月 10 日公佈）。教育部編：《中華民國教育法規》（1919 年 5 月。）

以造就甲種實業學校教員爲宗旨。其入學資格，爲中等學校畢業或具同等學力者。〔註85〕

　　這一時期，民國政府還就華僑子弟回國就學的辦法作出了規定。1914 年 2 月 6 日，教育部頒行《僑民子弟回國就學規程》，主要內容是：僑民子弟 15 歲以上，曾在各居留地僑民所設學校畢業的，可於每年入校開始以前，呈由該管領事官保送回國就學。領事認爲必要時，應進行考試。國內各學校對於上述考生，從寬錄取，但以考試成績相差在 10 分以內爲限。已經錄取的國語沒有過關有礙聽課的學生，各該校應設國語補習科，但不得有礙正科。僑民回國後，其入學就學事宜，由所在教育廳介紹。〔註86〕1921 年 2 月 26 日，教育部以「部令 24 號」公佈《修正僑民子弟回國就學規程》，其中增加了以下規定：「僑民學校已經本部立案者，其學生得由本校出具證明書，向國內相當學校轉學，但學科程度不及格者，國內學校，得酌令補習。」〔註87〕教育部的規定，體現出了對華僑子弟升學的優待政策，也申明了須在一定的教育標準範圍之內的要求。

　　1922 年 11 月，教育部公布新學制。中等學校的招生考試隨之發生了一些變動。新學制規定，原中學校改爲中學。中學改行「三三制」，分爲初級中學和高級中學，修業各三年。可單設初中或高中，亦可設完全中學。初中招收考試合格的高小畢業生；高中招收考試合格的初中畢業生。中學還可附設職業科和師範科。因此，中學除普通教育的招生外，還招考職業學校的學生和師範生。師範學校則改爲前期三年、後期三年，六年畢業。但也可設一、二、三年的師範學校和師範講習所，招考初中畢業生。此制男女兼用，中學招考女生從此漸多。

　　原實業學校改稱職業學校。畢業年限由各省區視情況自定。甲種實業學校改爲職業學校或中學農、工、商等科，乙種改爲職業學校，招考高小畢業生，亦可收受相當年齡的初小畢業生。〔註88〕

　　中等學校入學考試仍由各學校自行舉行，因此同高等學校招生考試一

〔註85〕《實業學校規程》（1913 年 8 月 4 日公佈）。教育部編：《中華民國教育法規》（1919 年 5 月）。

〔註86〕《僑民子弟回國就學規程》（1914 年 2 月 6 日），教育部編：《中華民國教育法規》（1919 年 5 月）。

〔註87〕《教育部公佈修正僑民子弟回國就學規程》，《教育雜誌》第 13 卷第 3 號「法令」（1921 年 3 月）。轉引自楊學爲等主編：《中國考試制度史資料選編》，黃山書社 1992 年版，第 596 頁。

〔註88〕參見謝青、湯德用主編：《中國考試制度史》，黃山書社 1995 年版，第 543 頁。

樣，也遇到同樣的問題：入學考試標準不統一，寬嚴不同，並且由於教育發展水平的地域差異，生源差異較大，入學資格的把握也寬嚴不一。其中，表現最突出的是中等學校招收同等學力者的問題。

招收同等學力者入學，一是可以彌補生源之不足。畢竟當時中等學校發展不足，難以提供足夠的生源；二是給一些沒有系統接受過初等教育，但經平日自學已達到相當程度的學生以一個深造的機會。這與高等教育允許招收同等學力者的出發點是一致的。然而，迫於生源的壓力和對辦學效益追求，這一原則被一些學校濫用。有的學校放寬對同等學力的甄別標準，「任意濫收」同等學力者，有些高等小學的在校生，也違章跳級跨考中等學校。如此，既造成中等學校新生文化程度不齊，影響教學質量，又造成各高小的學級編製混亂。隨著各省高等小學畢業生的增多，供可給求，教育部於 1917 年 3 月 28 日通咨各省，限制中等學校招生資格。教育部指出：「凡中等學校招收新生未經高等小學及高小同等學校畢業之學生，不得逾定額十分之二。而此十分之二之學生，尤必從嚴取錄，庶可稍杜濫收之弊。」〔註 89〕這一規定，是比照高等學校限制招生資格的辦法。1918 年 12 月 16 日，教育部通咨各省區，要求中等學校招收未經高小畢業學生應將試卷等件呈本省教育長官覆核，進一步限制中學學校的招生資格。教育部要求：「嗣後各校收受此項學生（指同等學力者——筆者注），應於名額取定後，迅將入學試卷及履歷表冊等件，呈由本省教育行政長官復閱。省視學視察時，並應隨時考驗，如有程度不合者，即令退學，以重學業，而符部章。」〔註 90〕

二、南京國民政府時期的高校入學招生考試

按考試方法和錄取體制劃分，南京國民政府時期的高等學校入學招生考試可分為三個階段：第一階段：各高校單獨招考階段，時間為 1927～1932 年；第二階段：統一計劃招生階段，時間為 1933～1940 年；第三階段：多元化招考階段，時間為 1941～1949 年。現分段進行介紹和評析。

〔註 89〕《教育部通咨各省限制中等學校招生資格》（1917 年 3 月 28 日），《教育雜誌》第 9 卷第 5 號「記事」（1917 年 5 月）。楊學為等主編：《中國考試制度史資料選編》，黃山書社 1992 年版，第 595 頁。

〔註 90〕《教育部咨各省區中等學校招收未經高小畢業學生應將試卷等件呈本省教育長官覆核》（1918 年 12 月 16 日），中國第二歷史檔案館藏：全宗號一〇五七②，案卷號 40。楊學為總主編：《中國考試史文獻集成》第七卷（民國），高等教育出版社 2003 年版，第 36 頁。

（一）單獨招考階段（1927～1932）

　　南京國民政府成立後至 1932 年底，各高等學校的入學考試，沿用北京政府時期的做法，考試權置於學校，由學校組織招生委員會，自定考試科目，自行命題、組織考試，分別錄取。學生則自主選擇報考學校，參加各校招生考試。綜觀 1929 年、1930 年各國立大學入學考試科目，少者有 5 科，多者達 12 科。〔註91〕命題方式與標準各異，考試內容覆蓋面有限，且題型單一。從考務管理上講，各校自辦考試，監考、評分標準各不相同，寬嚴不一，難以保證考生在同等條件下的平等競爭。

　　從宏觀層面講，單獨招考模式導致當時中國高等教育發展的兩個不平衡──科類發展不平衡和高校資源分配地域的不平衡，更為加劇。當然，這兩種不平衡由來已久，在北京政府時期就比較突出。高校招生全國一張卷、以考分定錄取的做法，明顯不利於邊遠地區的考生。1923 年北京大學錄取新生，雲南、福建、甘肅、黑龍江、熱河、綏遠、察哈爾、蒙古等經濟社會發展相對落後的省區考生，均榜上無名。江蘇、浙江、湖北等相對發達省的考生，則表現出較強的優勢。有人根據《教育雜誌》所載各省區十三年度升學學生人數調查表，算出 1924 年江蘇、浙江等相對發達省份高校的錄取率如下：浙江為 26%；安徽為 19.4%，湖南為 18.7%；福建為 17.7%，湖北為 17.6%，江蘇為 16.7%，江西為 16.1%，四川為 15.4%。〔註92〕這些省份較高錄取率的背後，則是邊遠省區和落後省區考生的低錄取率或者零錄取率。如果各校招生有一個綜合協調，在招生計劃方面有地域均衡方面的考慮，而不是各自為政，並單一地以分數為錄取標準，那麼，這種不均衡便會得到調整。30 年代實行統一計劃招生後的事實，證明了這一點。

　　高等教育資源分配不平衡的另一種表現，是高校地理布局不平衡。1931 年全國共有專科以上的學校 103 所，其中上海 22 所，北京 15 所，廣東 8 所，河北 8 所，湖北 6 所。以上 5 省市共計 59 所，占到全國高等學校總數的 57%。而安徽、四川、新疆、甘肅、吉林、察哈爾 6 省區，均只有 1 所專科以上學校。熱河、綏遠、陝西等 10 省區則無一所專科以上學校。〔註93〕

〔註91〕《學生雜誌》第十七卷、第十八卷。

〔註92〕這是房列曙統計的結果。參見謝青、湯德用主編《中國考試制度史》，黃山書社 1992 年版，第 525～531 頁。

〔註93〕毛禮銳、沈灌群：《中國教育通史》第 5 卷，山東教育出版社 1988 年版，第 294 頁。

在學科學生比例不平衡方面，文理科比例失調現象嚴重。這當然源自科舉千餘年的指揮棒作用，但與入學招生考試的宏觀控制也關係極大。科舉以經義爲考試內容，其涵蓋面不過歷史、文學、哲學等科；工科、理科、醫科、農科等多被排斥於考試內容之外，歷來爲士子們所不學。科舉廢除後，失去舉業的生員們進入新興學堂，自然以肄業於法政學科而易於成就；這也與他們過去從事舉業的目標——仕途，在類型和途徑上更爲接近。於是，清末民初，法政學堂或法政專門學校蜂起。1912 年，法政學校、大學法科的在學學生爲 30889 人，占全國同層次學生的 74.05%。〔註 94〕而由於各校單獨招考，政府沒有也無力進行調控，實際上是無可奈何地任由這種不平衡存在並愈演愈烈。黃炎培在 1913 年調查了江寧、蘇州、上海、鎮江、清江五地的公立、私立法政大學、法政專門學校後，在《教育前途危險之現象》一文中指出：「光復以來，教育事業，凡百廢弛，而獨有一日千里，是令人瞿然驚者，厥惟法政專門教育。……報章募集生徒之廣告，則十七八法政學校也。行政機關呈請立案之公文，則十七八法政學校也。」他對是否需要那麼多的培養官吏、律師的法政學校表現出極大的懷疑和擔心：「今悉一國之才智，而群趨於法政之一途，其皆優乎？供多而求少，已有耗多數人才於無何有之鄉，而或劣者雜出乎其間！吾恐國家社會之蒙受禍害，乃且加厲，比其覺悟，而元氣已傷，漂搖之國運，將與此如狂如醉之潮流，同不返耳。」〔註 95〕此種重法政、輕理工的傾向，經北京政府扭轉數年後有所轉變，但文科學生仍佔據大學生的大部分。1930 年，全國大學有文科學生 17000 人，理科學生 8000 人。1931 年，全國大學文科學生增至 23230 人，理科學生僅 9928 人，理科學生僅占大學生總數的 29.9%。〔註 96〕國家建設急需的工業、農業、醫學、商業等方面人才，仍十分缺乏。

北京政府時期高校招生考試權在學校，單獨招考的學校往往各行其是，對政府並不剛性的宏觀指導並不理會。黃炎培的憂慮，其實也表達了要求運用政府行政手段調控學科不平衡的呼聲。考試本身是社會人才培養選拔的一個平衡器，若任由高校自設專業學科招生考試，這個平衡器就往往易對一校而非全局發生作用；而此時社會發展對人才需要信息傳達不暢，市場調節手

〔註 94〕 《中華民國第一次教育統計圖表》，第 469 頁。轉引自張亞群：《科舉革廢與近代中國高等教育的轉型》，華中師範大學出版社 2005 年版，第 223 頁。
〔註 95〕 《東方雜誌》第九卷第十二號，1913 年。
〔註 96〕 《第一次中國教育年鑑》，丙編「教育概況」，第 24 頁。

段尚未形成，高校自身通過入學考試進行的調節只能算是「摸索」而已。高等教育的畸形發展，需要強有力的行政調控。而考試這個調控手段，很快便被政府運用起來。

（二）統一計劃招生階段（1933～1940）

進入 20 世紀 30 年代後，南京國民政府統治區域逐漸擴大，統治力量得到加強，政府行政調控能力也有所增強。1933 年 5 月，針對前述高等教育「重文輕實」的病態發展，教育部頒佈該年度各大學及獨立學院招生辦法。爲遏制文法科教育的過度發展，決定實施「比例招生法」。各大學設有文、實科兩類學院的，任何文科類學院所招新生數額，連同轉學生在內，不得超過任何實科類學院所招新生數額；其文、實科兩類學院所設的學系數目有不同時，任何文科類學院各系招生的平均數，不得超過任何實科類學院各系招生的平均數。各獨立學院招生辦法同大學。專辦文科類的獨立學院所招新生數，不得超過各該學院 1931 年度新生數；有特殊情況的，須先經教育部核准。

以學院爲單位的「比例招生法」實施後，文科與實科類學生數之比仍失均衡。因而，1934 年度又決定採取以系爲單位的限制招生辦法：任何文科類學院各系、專辦文科類學科的獨立學院各系及專修科所招新生及轉學生，不得超過 50 名。實科類學院及獨立學院實科類學科，均應按照其設備狀況及校舍容量，招收合格新生，以宏造就。

1935～1937 年，又參照國家需要、教學效率，及前兩年招生的實際情況，取消了「比例招生辦法」，而代之以實際名額。規定各大學設有文科類學院或獨立學院設有文科類學科的每一學系，所招新生及轉學生的平均數爲 30 名；但成績特優、在招生前經教育部特准者除外。

1933～1937 年的限制招生規定，不適用於專收女子的院校，其餘公立、私立專科以上院校須一律照辦。否則，教育部不承認其新生入學資格。

由「比例招生法」到代之以實際名額的招生方法，均爲有計劃的招生。若稱爲統一計劃招生是名副其實的。並且，教育部在 1937 年開始直接參與高校招生。是年，教育部令中央大學、武漢大學、浙江大學等校〔註 97〕試辦聯合招生考試，統一考試科目，爲以後的全國統一招生考試打下基礎。

〔註 97〕 教育部令參加試辦聯合招生考試的學校還有北京大學和清華大學，但「嗣因北平學校有特殊情形，乃由中央、浙江、武漢三大學先聯合舉辦」。參見《專科以上學校歷年招生概況》，《第二次中國教育年鑒》第五編，《高等教育・概述》。

　　經過幾年的調控，高等教育文科類與實科類學生數比例失調的問題有所克服，「理、工等學生年有增加」。具體情況，如下（表4-4、圖4-1）所示：

表4-4　1928～1937年全國大學招生情況統計表

年度	實科類（理、工、農、醫）學生數	占總數比例	文科類（文、法、商、教育、藝術）學生數	占總數比例	未分院系學生數	占總數比例	共計
1928	6749	26.8%	18286	72.6%	163	0.6%	25198
1929	7797	26.8%	21254	73%			29121
1930	7375	19.6%	28191	75%			37566
1931	11227	25.4%	32940	74.6%			44167
1932	12007	28.1%	30070	70.4%	633	1.5%	42710
1933	14133	32.92%	28787	67.04%	16	0.04%	42936
1934	15698	37.58%	26042	62.35%	30	0.07%	41768
1935	16990	41.31%	24082	58.55%	56	0.14%	41128
1936	18459	44.03%	23152	55.23%	311	0.74%	41922
1937	15280	48.99%	15227	48.82%	681	2.18%	31188

圖4-1　1928年～1937年全國大學招生科類變化柱狀圖

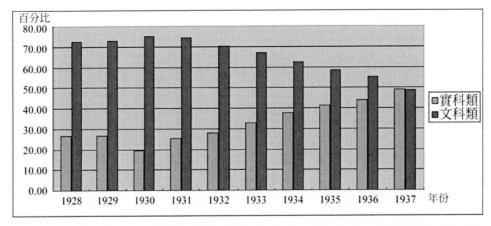

　　據上表、圖可知，經過近十年的努力，理工科專業錄取人數逐漸與文法類專業人數持平。與此相對應，高校課程設置也改變了過去那種以文科為主的狀況。可以說，政府調整科類學生比例的目的已經達到。但是，高校資源分配不均、地理分佈不平衡的狀況，並無大的改變，各校自行命題、自行考試、自行錄取所帶來的弊端，也沒有得到解決。

　　抗日戰爭的全面爆發，更迫切地要求全國加強教育考試的行政管理。教育部決定自 1938 年實行國立各院校統一招生。到 1940 年，又擴大爲公立各院校統一招生。

　　1938 年，教育部設統一招生委員會，以各司司長及高等教育司主管科長一人爲當然委員，部聘大學校長及教授若干人爲委員，由部長指定一人爲主席。該委員會負責規劃並執行統一招生各事宜。同時在武昌、長沙、吉安、廣州、桂林、貴陽、昆明、重慶、成都、南鄭、福州等地設立了十二個招生區。各區也由教育部指派當地及附近院校長及教務長，組成招生委員會。上述臨時性的統一招生委員會，積累了兩年統一招生的經驗，教育部認爲有必要確立制度，因此於 1940 年設立「永久性質的公立各院校統一招生委員會」，並分別聘派羅家倫、王星拱、張道藩等 23 人爲委員，指令吳俊升爲主任委員。〔註 98〕招生委員會下設總務、審核、分發、研究四組，各組設主任一人；設幹事、助理幹事、書記數人。主要任務爲：訂定招生規章；規定命題閱卷及取錄標準；制定及頒發試題；覆核考試成績；決定及分配取錄學生；研究招生改進事項，以及處理教育部交議的有關招生事宜。〔註 99〕

　　全國各統一招生區仍臨時設立招生委員會，按 1940 年度的組織規則，由教育部分別指定主任委員一人負責組織，人員由教育部指定的、主任委員遴選的、各區招生委員會聘請的三部分組成，考試結束後解散。這個委員會的任務爲：聘請監試及閱卷委員辦理監試、閱卷事宜；聘請命題委員會預擬試題一份；審核投考學生之資格；審核投考學生之考試成績；造送投考學生名冊及各項成績表；榜示經部錄取之學生；其他關於招生一切事項。〔註 100〕各區招生委員會主任委員及委員爲試場主試委員。各區招生委員聘定公立各院校教員爲命題監試及閱卷委員，各教員均有擔任該項委員的義務。各區關於招生的事務，由委員會聘定當地及附近院校教職員或教育行政機關人員辦理。各招生委員會委員與命題、監試、閱卷委員及辦理事務人員均爲義務職，但有遠道出席者，可酌給旅費津貼。各區招生委員會的經費以報名費（不得

〔註 98〕參見《教育通訊》第 3 卷第 17 期（1940 年 5 月 4 日出版）。

〔註 99〕參見《教育部公立各院校統一招生委員會章程》（1940 年），《教育通訊》第 3 卷第 21 期（1940 年 6 月 1 日出版）。楊學爲等主編：《中國考試制度史資料選編》，黃山書社 1992 年版，第 675 頁。

〔註 100〕參見《二十九年度公立各院校統一招生各區招生委員會組織規則》，《教育通訊》第 3 卷第 21 期（1940 年 6 月 1 日出版）。楊學爲等主編：《中國考試制度史資料選編》，黃山書社 1992 年版，第 676 頁。

超過二元）抵充之，如有不足，由各該區公立各院校按照經常費預算，數目多寡，分攤擔任。

1938～1940 年的全國統一招考，只限於國立和公立院校，私立院校並不包括在內。國立公立院校和考區，也是逐步增加的。1938 年參加統一招考的為 22 所院校，1939 年增至 28 所，1940 年擴大到省立大學和獨立學院，增至 41 所院校。招考區也更為普遍，1938 年設 12 個考區，1939 年增至 15 個考區及 13 個分處，1940 年增至 16 個考區及 18 個分處。〔註101〕

參加統一招考的新生入學考試，分為筆試和口試。筆試科目分三組進行，1938 年、1939 年兩年間，筆試科目為七門，其中公民、國文、英文（考同濟大學和中山大學醫學院者為德文）、本國史地四門，為公共必試科目。1940 年增加一門生物為公共必試科目。其餘三組，按專業不同進行考試科目劃分：

第一組：文、法、商（包括管理）教育學院及師範學院文組。除四門必試科目外還有：數學（高等代數、平面幾何、三角）、中外歷史、中外地理及理化。

第二組：理、工學院及師範學院理組。除共同必試科目外，還有數學（高等代數、平面幾何、三角）、物理、化學、中外史地。

第三組：醫、農學院。除共同必試科目外，還有數學（高等代數、平面幾何、三角）、物理、化學、中外史地。

既名之為統一招考，是否共用一張試卷是重要指標。1938 年由全國招生委員會制定命題標準，由各區組織命題；1939 年和 1940 年才由教育部統一命題。1938 年，全國各區統一招生委員會，根據部頒命題及評分標準的規定組織命題。命題範圍及程度以高中課程標準為限，內容以經教育部審定的通用教科書為依據。各科試題數目，應以一般考生能於規定時間內完卷為準（國文、數學、英文或德文各 3 小時，其餘各科 2 小時），試題應規定由學生全作，不得採用任擇或選作方法，但學生可變動答題次序。國文試題，作文一篇（文言、白話文均可），文言文、白話文互譯各一篇。英文試題，作文一篇及英、漢互譯各一篇（應考德文者仿此）。各科命題，不宜空泛或偏重記憶，除國文、英文外，較難者與較易者各占 25%，難易適中者約占 50%。物理、化學、生物試題中，須各有一題考試實驗程序。各科評定分數，採用百分制。國文試

〔註101〕 參見《專科以上學校歷年招生概況》，《第二次中國教育年鑑》第五編，《高等教育・概述》。

題，作文占 50%。文言文白話文互譯各占 25%；英文作文占 50%，漢、英互譯各占 25%；其餘各科按試題數目平均計算，較難較易及難易適中各題一律平均計算。各科試捲鬚由閱卷委員分題評閱。體育術科按規定種類分別記錄成績，造冊送教育部，不另計分數。藝術加試科目，素描及國畫占 70%，繪畫理論占 30%，素描及國畫考試作品，應連同成績送教育部審核。

雖說規定了標準，但終歸由各區各自命題，標準把握難免不同，評捲尺度的寬嚴亦難劃一。1940 年統一命題時，又作了改進，命題委員除擬定試題外，並須擬答案一份，附評分標準一份，就各題的可能情形，擬出答題步驟或分部給分標準。這是考試管理走向精細化的一個重要標誌。

閱卷由各區招生委員會組織，1938 年爲各區命題，難易不一，加之分區閱卷，考生原始分數無法比較。於是全國招生委員會決定採用標準分制度〔註 102〕，將各區考分換算成標準分，以進行比較並進而決定錄取標準。全國 12 個考區考生成績的分配，中數爲 238.62 分（七科成績之和），平均分數爲 241.124 分，標準差爲 92.96 分，偏態性爲 0.008 分。就各考區成績中數比較，延平 336 分，永康 322.776 分，南鄭 306.112 分，桂林 298.612 分，吉安 291.304 分，貴陽 286.08 分，長沙 281.78，成都 239.16 分，武昌 212.24 分，廣州 209.82 分，重慶 205.74 分，昆明 192.92 分。1939 年和 1940 年，仍採用分區集中閱卷，記分方式也與 1938 年相同。

〔註 102〕標準分制度是在現代測量理論指導下進行分數轉換的方法。標準分即將原不等值的原始分經數學模型轉換而成的的等值分數。考試的原始分數對一次考試而言只是一組數據，並不直接表示考試質量高低；對考生個人而言，原始分數也只是測量量表上一個孤立的數字，本身不具備任何實際意義，既不表明成績優劣，也不能比較出其他考試成績的好壞。比如一個考生數學考試爲 7 分，英語考試爲 70 分，並不能判定他的數學知識和能力極差，而英語成績就一定比數學成績好。而經過一定的數學程序和方法把原始分數轉化爲標準分後，便成爲具有統一意義、相同單位和共同參照點的某一量表上的等值分數。標準分等值、可比，可累加，可以用來比較不同人的成績水平，標出不同人在整體中的位置。因而可以在此基礎上進行教育評價和考試評價工作，也可由考試主辦部門用作宏觀調控和決策的依據。標準分在國外也是 20 世紀初才創立的，民國時期引入標準分制度並予推行是一項有遠見、與世界水平看齊的先進措施。大陸自 20 世紀 80 年代末在高考中開始推廣，1994 年時任教育部考試中心主任的楊學爲曾撰文說，當全國都實行標準分的時候，我們就可以說，高考已經達到世界先進水平了。但是，經過 10 餘年推廣，中國大陸只有二三個省實行這一制度，中國考試標準化之路還很漫長。參見《高考標準分數制度宣傳手冊》，福建教育出版社，1997 年；楊學爲：《中國考試改革研究》，北京大學出版社 2001 年版，第 431～432 頁。

　　錄取標準的確定，完全以成績分數爲準。1938 年國立各院校統一招生錄取標準的規定爲：（1）各地所定考生成績，其分數有寬嚴不同者，以及處總中數與各地中數之差，分別就各地總分加減調整。（2）凡考生成績具有下列二項標準之一，可經覆核錄取：甲、筆試七科目總分數經調整後在 280 分以上，但報考第一組（體育及藝術科除外）國文、英文（或德文）二科均非零分者，報考第二組及第三組國文、數學二科均非零分者。乙、筆試七科目總分數經調整後在 200 分以上，但報考第一組（體育系及藝術科除外）國文在 30 分以上，英文非零分，或英文在 30 分以上國文在 10 分以上，而數學非零分者；報考第二組國文在 10 分以上數學在 30 分以上，而英文（或德文）非零分者；報考第三組國文在 10 分以上，物理、化學、生物三科目中有一科目以上（報考地理系者本國史地、外國史地兩科目有一科同）在 30 分以上，而數學、英文（或德文）非零分者。（3）有加試科目者，以加試科目的分數代替計入總分數內，再按上述標準辦理。（4）報考藝術科學生，筆試七科目總分數經調整後在 140 分以上，其中國文在 10 分以上而加試科目成績在 50 分以上者，經覆核後錄取。（5）報考體育系學生筆試七科目總分數經調整後，在 140 分以上，其中國文在 10 分以上，而加試術科成績合於規定標準者，〔註103〕經覆核後錄取之。

　　1939 年和 1940 年錄取標準，與此大致相同。只是所作調整，更爲切合實際。

　　這一時期，還實行了優秀中學生保送免試入學制度。1938 年度各省市高中畢業會考成績優秀學生，可保送免試升學，以會考及格學生前列 15%爲限；國立各中學保送畢業生，以畢業成績甲等——即總平均成績在 80 分以上爲限，但不得超過各該科高中畢業生的 15%。1939 年度，國立中學畢業生免試升學辦理取消，高中畢業會考成績優秀生免試保送率改爲 10%，較上年度減少 5%，各大學先修班保送優秀生爲 25%，蒙藏邊省、海外華僑生經主管機關保送的，則優予從寬錄取。1940 年度規定，舉行會考的各省市的保送生，以

〔註103〕體育術科成績錄取標準，規定 100 米男生 16 秒，女生 21 秒；跳高男生 1.2 米，女生 0.8 米；跳遠男生 3.4 米，女生 2.2 米。男生推 12 磅鉛球 6 米，女生推 8 磅鉛球 3.6 米。女生免試足球，男生足尖踢球比遠 12 米，運動射球以丙等爲及格。籃球運球，男女生均以丙等爲及格。投籃男生每分鐘四次，女生每分鐘二次。女生免試單槓，男生每分鐘引體向上以二次爲及格。雙槓男女生均以丙等爲及格。參見謝青、湯德用主編：《中國考試制度史》，黃山書社 1995 年版，第 571 頁。

本屆高中畢業會考成績前列 10%為限，各大學先修班的保送生，以本屆修業期滿學行成績優秀的前列 50%為限；在 1940 年春季核准招考入學的，以 25%為限。

　　1938～1940 年間統一招考的改制和實踐，使南京國民政府推行的統一招生制度逐步完善。可惜由於戰爭破壞，統一招考只進行了三年就無法堅持下去。但這些可貴的探索已然證明，統一招生通過發揮政府的宏觀控制力，有利於整齊生源的文化程度、提高高等學校的招生質量、平衡高校科類專業結構，也有利於促進中學按照教育部規定的課程標準組織教學，從而督促中學教學目標的實現。

（三）多元化招考階段（1941～1949）

　　抗日戰爭進入相持階段後，交通更為困難，政府財力與人力均顯不足。有鑑於此，教育部於 1941 年停止了全國統一招生。抗戰勝利後，內戰之火又起，全國統一招生考試同樣缺乏辦理環境。此種情形之下，教育部便綜合民國後期招生考試的經驗，釐訂數種招生方式，任由各校選擇採用。當時所定的招生方式主要有 5 種：單獨招生，聯合招生，委託招生，成績審查，保送免試。採用一種或兼採各種，悉由各校決定。因此，1928 年以來的高校招生方式，已走過由分散到統一（私立學校除外），又由統一走向多元並存的歷程。

　　所謂單獨招生，即由高校院校單獨辦理招生考試和錄取。所依法規，為公立各院校聯合招生法規；其作用，更多體現為一種指導。

　　所謂聯合招生，實際上是統一招生的一種變通。為顧全學校及考生便利起見，由教育部劃分考區，指定區內公私立院校（私立院校 1941 年例外）聯合招生。分區所屬院校如下：1942 年分為 10 區：（1）重慶區，所屬十院校，設四個招生分處，中央大學為召集學校；（2）成都區，所屬三院校，設三個招生分處，四川大學為召集學校；（3）昆明區，所屬二院校，西南聯大為召集學校；（4）貴陽區，所屬七院校，設二個招生分處，浙江大學為召集學校；（5）西北區，所屬七院校，設七個招生分處，西北大學為召集學校；（6）粵桂區；所屬五院校，設二個招生分處，中山大學為召集學校；（7）浙贛區，所屬四院校，設五個招生分處，中正大學為召集學校；（8）福建區，所屬四院校，設三個招生分處，廈門大學為召集學校；（9）湖南區，所屬二院校，設五個招生分處，湖南大學為召集學校；（10）湖北區，所屬二院校，湖北省立教育學院為召集學校。1945 年又分為重慶、成都、蘭州、城固、貴陽、昆

明、啓溪區，中央大學、武漢大學、西北師院、西北大學、浙江大學、西南聯大、湖南大學分別爲召集學校。舉行聯合招生的各區，組織聯合招生委員會，以召集學校校長爲召集人；委員會的組織，由各區自行訂定，報教育部備案。聯合招生的報名、命題、閱卷等事宜，一般根據教育部的規定，由各區自行辦理。各校招生的名額亦由教育部核准。

所謂委託招生，指凡不在本區的各院校，可經他區同意，委託他區代爲招生。受委託的各區，可於本區考試後舉行入學考試，不必與本區考試同時舉行。如委託學校較多時，舉行入學考試至多以兩次爲限。委託他區代招學生的命題、閱卷及成績公佈等事宜，由校區間自行商定。

所謂成績審查，即舉辦聯合招生的各院校，除考試外，在未設立招生分處地區採用成績審查辦法。一般在該區辦得有成績的中學內，選擇成績優秀的高中畢業生經審查合格後，參加復試，及格者予以錄取；成績較次者，暫作「試讀生」，或派入學校附設的先修班肄業；成績過劣者不予錄取。

所謂保送免試，方法有二：一爲各省市保送高中畢業會考成績優秀生。保送免試升學的比例，1942 年爲 15%。二爲各大學先修班保送免試升學。保送名額爲大學先修班成績前列 50%（春季入班者爲 25%）。教育部在 1945 年還對先修班保送生的成績標準進行了規定。

當時，對游擊區畢業生升內地大學，還採取保送、選送兩種辦法。保送學生免試；選送學生到校後予以復試，其成績及格者列入一年級肄業，不及格者暫作試讀生或派入先修班肄業，入學後優先予以公費待遇。〔註104〕

這一階段高校招生的考試科目，據 1945 年聯合招生規定，筆試分初試與再試兩部分。初試科目爲國文、英文、數學 3 科，錄取入學時再根據志願學系的所在組別，再試其他規定科目。成績合格者，編入一年級肄業。再試成績較次者，暫予試讀，或派入先修班肄業。以同等學力參加考試，必須考試全部科目，不分初試、再試。

這一時期招生考試辦法多元化的另一個表現，是進行了一些大膽的探索，如舉行「聯合考試」。聯合考試是將部分地方的高中畢業會考與專科以上學校入學考試聯合舉辦，與若干所高校聯手舉行招生考試的聯合招生有根本

〔註104〕《專科以上學校歷年招生概況》，《第二次中國教育年鑑》第五編，高等教育。楊學爲等主編：《中國考試制度史資料選編》，黃山書社 1992 年版，第 747～755 頁。

不同。實際上，它是將高中畢業水平考試的會考與入學招生的選拔性考試合併在一起舉行。1943 年教育部以舉辦夏令營形式，將贛、黔、甘三省高中畢業會考與專科以上學校的入學考試聯合舉辦，簡稱「聯合考試」。這項「聯合考試」，教育部設委員會，負責規劃及指導；各省設委員會，負責命題、擬定標準答案、閱卷及有關考務。考試科目分甲、乙兩組，均考國文、外文、數學（甲組爲高等代數、解析幾何、三角；乙組爲高等代數、平面幾何、三角）、中外史地、理化、生物、公民。核算成績，依據四項原則：（1）畢業成績的標準仍照《修正中學學生畢業會考規程》的規定辦理。（2）升學錄取與否以聯合考試成績爲憑，錄取標準由聯合考試委員會制定。（3）升學成績計算標準，「國、英、算三科占 50%」，其它各科占 50%。（4）會考一、二科不及格學生，可錄取爲專科以上學校試讀生。這一年，三省會考升學組計 2490 人，升學組計 1345 人，總計參加聯合考試 3835 人，共錄取 1777 人。參加聯合考試人數與高校錄取人數比例爲 2.16：1。1944 年，教育部停止了「聯合考試」。〔註 105〕

　　聯合考試最直接的好處，是減少了學生、學校參加和組織考試的次數，有利於減輕學生負擔，節約金錢和時間，也潛在地有利於中學和高校的銜接。其問題所在，是把中學畢業水平考試和高校新生選拔考試等同起來，學生畢業即能升學，升學才能畢業，以升學導向引領中學教育。因而並不具備普遍意義。但是，這種探索是可貴的，並且也較適合戰爭時期學生數量少、社會資金不足等實際。

　　民國時期特別是南京國民政府時期，對入學招生考試形式的探索，給我們留下了寶貴的歷史經驗。尤其是在要求取消全國統一高考、各校自主招生呼聲漸高的今天，它常被作爲一個可資借鑒的例子反覆標示。〔註 106〕主張各

〔註105〕《專科以上學校歷年招生概況》，《第二次中國教育年鑒》第五編，高等教育。楊學爲等主編：《中國考試制度史資料選編》，黃山書社 1992 年版，第 747～755 頁。

〔註106〕關於這方面的討論近幾年已出現很多，在研究界有一定影響的《湖北招生考試》（理論版）曾比較集中地組織過一些討論，參見孫東東：《走出高考認識誤區，推進高考實質性改革》，《湖北招生考試》（理論版）2004 年第 10 期；顧海兵：《高考與統一高考之辯——兼與孫東東教授商榷》，《湖北招生考試》（理論版）2005 年第 2 期；顧海兵：《論高考的不能統一》，《南方周末》2005 年 6 月 2 日第 13 版；裴云：《高考應是計劃的還是市場的——再論統一高考的現時合理性》，《湖北招生考試》（理論版）2005 年第 6 期。

校自主招生考試的，多舉民國時期錢鍾書等人偏科嚴重但因各校自主考試而能夠被名校錄取的例子；主張統一考試的，則列舉民國時期各自考試時的弊端。筆者認為，入學招生考試對社會資源的分配、社會公平的維護、人才的培養和選拔等，都具有十分重要的影響。而入學考試的方式，主要是全國統一考試與各校自主考試，又是其中發揮影響最為重要的因素之一。民國時期高校招生考試的實踐，其實將兩者的利與弊、得與失，都展現在了我們的面前。採行如南京政府教育部所指責的「放任主義」，一切任由高校自主考試，其優勢是可以充分發揮高校辦學自主權，有利於高校根據社會發展和人才市場的要求調整培養目標和方向，有利於高校選拔出有個性、素質高的優秀學生；從長遠看，是有利於高等教育發展的。但是，「放任主義」又自有其實施之前提，一是社會高度民主和法治化，高校招考的「放任」只是在法制化的軌道上運行，能夠得到法律的保護和制約；二是市場經濟發育到一定程度，社會建立了公平的社會分工和分層機制，以及高度靈敏的市場信息反饋機制，高校可能也可以針對市場作出調整；三是高校高度自治，既摒除行政力量過度干預，又通過民主機制有效進行內部管理，高校自主招生有著自律和他律機制。民國時期的高校，並不具備這些有利條件；更糟的是，國家還面臨著外侮內患，根本沒有一個和平發展的環境。南京國民政府作出的調控，無論是統一計劃招生還是多元化招生，既有政府行政力量的本能反應，也是一種限於條件的無奈選擇。其實，從南京政府的專制政權本性考察，從其在抗戰全面爆發前對招生的控制傾向看，多元化招生並非其本能的選擇，而更多是一種因時調整、因地制宜措施。但這恰恰給眾多的高校留下了一個相對寬鬆的發展空間，反映出了高校招生考試的一種現代化走向：以公平公正為前提，保證考生足夠的選擇機會和高校辦學力量相吻合，招考方式多樣化，學校擁有充分的空間和自主權。

第四節　畢業會考和學業競試的實驗

中等學校畢業會考和學業競試，是南京國民政府時期由政府推出的重要教育管理舉措，也是民國教育制度的重要組成部分。作為國家承認的省級學校水平考試，會考在中國考試史上開創了以國家考試行為督導中等學校教育目標實現、整齊中等教育水平的先河，是對我國傳統的學校考試模式的大膽

革新。但由於其制度初創，實施環境惡劣，並與民國時期深受自由主義教育思潮影響的教育界和社會各界的教育理念有一定的衝突，因而會考的實施始終伴隨著批判的聲音。學業競試，僅限於專科以上學校舉行，在起到獎學勵才作用的同時，也因加重了學生負擔、過於政治化等原因而飽受詬病。

一、會考制度實施的背景

南京國民政府成立後至抗戰前，經過幾年的努力，以《中學法》（1932 年12 月）和《中學規程》（1933 年 3 月）的頒佈實施為標誌，國民政府的中學教育制度已基本實現了規範化和定型化。1932 年，為使「謀生、任教、升學三者目的」均有所達，國民政府針對 1928 年綜合中學制度實施後出現的弊端，決定廢止綜合中學制度，對現有中學進行整理淘汰，高中不再分文、理科；現有農、工、商等高中改為職業學校，師範學校脫離中學單獨設立，實現了職業、師範、中學三者分別設立。這一轉變，適應了社會發展的要求，有利於中等教育的健康發展。在三四十年代還通過一系列法規的建設，基本上實現了課程、考試、教師、訓育、管理等方面的統一化、標準化和規範化。這些制度建設，有力地推動了民國中等教育的發展。自 1928 年以來，中學校和中學生的數量除個別時期（如抗戰初期）有所減少外，基本上呈遞增趨勢。在 17 年的時間裏，中學數增加到原來的 3.9 倍，學生數則增加到原來的 6.7倍。1928～1945 年間全國中學教育的發展如下表（表 4-5）所示：

表 4-5　1928～1945 年全國中學教育發展情況表〔註 107〕

學年度	學校數（所）	班級數（個）	學生數（人）	畢業生數（人）
1928	954	——	188700	——
1929	1225	——	248668	——
1930	1874	——	396948	——
1931	1893	10360	401772	74865
1932	1914	10677	409586	73902
1933	1920	11002	415948	68028
1934	1912	10892	401449	73878

〔註 107〕轉引自李華興主編：《民國教育史》，上海教育出版社 1997 年版，第 631、634頁。

1935	1894	10541	438113	73878
1936	1956	11393	482522	76864
1937	1240	6919	309563	48264
1938	1246	8472	389009	52532
1939	1652	10024	524395	64285
1940	1900	13063	642688	89398
1941	2060	14392	703756	126673
1942	2373	17575	831716	179111
1943	2573	19229	902163	202209
1944	2759	20122	929297	212783
1945	3727	28352	1262199	255688

　　這一時期，中等職業教育和師範教育也發展很快。1928～1946 年，職業學校數和學生數，分別增加到原來的 4.6 倍和 8.2 倍；中等師範學校數及學生數除抗戰初期較戰前有所下降外，抗戰中期迅速恢復和發展，1936～1946 年10 年間，師範學校數從 814 所增加到 902 所，學生數則增加了近 3 倍。〔註 108〕

　　民國時期教育發展較快的原因是多方面的。南京國民政府成立後，統治地位趨於穩固，社會經濟逐步恢復和加快發展，從而爲教育發展創造了條件；而社會建設對人才的要求，又形成了社會對教育發展的需求。民國初年允許私人辦學等措施，也刺激了社會各界的辦學積極性。更重要的原因，則是「九一八事變」爆發後，國家對人才的需求更爲迫切，南京政府也更爲重視教育，想方設法支持教育發展。當時的有識之士認爲，中國只有改革教育制度，培養更多的實用人才，加速近代化的進程，才能救亡圖存。以蔣介石爲首的國民黨領導層對此也有清醒的認識。他們認爲，日本的工業化「已有五十多年的基礎，我們工作如果僅是用普通方法，與他們相比較，無論怎麼快，亦趕人家不上。所以我們今日要復興民族，力圖自強，一定要選擇最重要、最急切的工作，使之能收事半功倍之效」。而「救國最急切的工作，莫過於教育」，整頓教育，「亦就是整頓我們國家革命的基礎」〔註 109〕。在這樣的認識和思想指導下，中等教育得到較快發展，並不是偶然的。

〔註 108〕參見於述勝著《中國教育制度通史》第七卷（民國時期），山東教育出版社　　　　　2000 年版，第 164、181 頁。
〔註 109〕參見福建《教育周刊》第 144 期。

　　然而，由於中等教育發展較快，中等學校數量和學生數量激增，教育規模擴張過快的弊病也暴露無遺。教育部指出，近幾年來，「公私立中學及師範學校數激增，而質量參差，亦日益顯著；大抵各校設備，多不充實，課程凌亂，教法陳腐，教員未盡合格，以至效益日趨低劣」〔註110〕。三十年代初期的報章對教育之亂多有批評，形成了不小的社會輿論壓力，迫使教育部乃至中央政府高度重視中學教育之整頓。因此，當教育部決定出臺會考規程、建立會考制度以督策學校辦學時，雖有人反對，但大多數人卻拊掌歡迎，充分肯定教育部整頓教育的良苦用心。如有論者在報刊上說：「教育部認會考為整頓學風之唯一的手段，不顧一切，力排眾議，嚴屬地執行，我們對於此種積極負責的精神，深致敬意。」〔註111〕

　　當然，會考制度的出臺，更有其政治上的考量。對此，當時的有識之士就很清醒地認識到了。1934年初，子鉢撰文《為武器的畢業會考》，認為「畢業會考出現於中國的教育系統上，不是一種偶然的現象」，「關於它的產生，我們似乎不能用教育範圍以內的條件來說明，我們似只可在中國現社會的政治條件的開展中，來把握它的意義的中心」。他一針見血地說：「教育從未曾脫離過政治的關係。政治或多或少地決定著教育的內容，決定著教育的一切設施。在社會穩定，政治有把握地時候，那統馭的繮繩就有某種程度的寬縱，教育也就可以在某大範圍內自由地發展。但在另一種情況下，繮繩就被勒縮了，教育也就立即受到箝制。如是，教育就被驅迫著離開了自由發展的階段，走進了控制化的領域。在控制下，教育就成了某種的意識系統之統一的工具，就成了政治抗爭的武器」。「很明顯地，畢業會考就是此原則的具體表現。」〔註112〕

　　會考作為「政治抗爭的武器」，最需解決教育之外的什麼問題（其實也是教育之內的問題）呢？綜觀二三十年代的社會情勢，教育界最令政府頭痛的問題主要的是學生運動之風起雲湧。學生不安於學，干預政治；教師難安於教，或鼓吹學生做「大革命的工具」〔註113〕，或制止學生運動而無力，面對學運之背影而徒喚奈何；校長更難為，面對軍閥混戰、政黨紛爭影響校園平

〔註110〕參見謝青、湯德用主編：《中國考試制度史》，黃山書社1995年版，第607頁。
〔註111〕夏遷：《修正中學學生畢業會考規程的檢討》（1934年1月），《國聞周報》第1卷第5期。
〔註112〕子鉢：《為武器的畢業會考》，《國聞周報》第1卷第5期（1934年1月）。
〔註113〕李大釗：《紀念五月四日》（1923年），《李大釗選集》，人民出版社1959年版，第463頁。

靜的局面，或勸阻無力，或辭職以避。近代中國學生運動甚爲頻繁，原因複雜，蘇雲峰曾將民國以來之學運頻繁的原因歸於六條：（1）軍閥割據，政治腐敗，教育經費短缺，便學生不安於學；（2）北大形成的自由主義風格及李大釗等教授的鼓吹，將大學之使命擴大到教學研究之外，干涉政治和反對政府；（3）學界植黨營私，不受管束，敞開政黨滲透大門〔註114〕；（4）受俄國革命和五四運動影響，學生思想解放，自主與權力意識泛濫，學校無力約束；（5）國共兩黨介入校園，引發校園內外鬥爭；（6）日本帝國主義的侵略，一步步激化民族主義情緒，「理性被貼上懦弱、投降、保守和反動的標籤。」〔註115〕

　　北伐勝利後，政府反覆要求學生專心讀書，不可干預政治，但學生思想一經解放激化，已難冷卻；更何況「九一八」後，面對日本帝國主義的強大威脅，根本放一下一張平靜的書桌，學生奮起抗爭，中等以上學校動蕩不安。質言之，所有政府都不喜歡學生運動，除迫不得已時用鎮壓手段外，一般要用疏導、安撫方法處理。怎麼讓學生安心於學、老師安心於教、校長遊刃於管理，政府自然不會忘記老祖宗歷來行之有效的方法——考試，即以考督教，以考勵學，以考貫徹國家意志和意識形態。因此，此時南京國民政府出臺會考規程，建立一整套會考制度，以讓學生回歸學習之本職，自然有助於其箝制風起雲湧的自由主義思想，壓制學運，控制教育，防止「赤化」。有論者說得明白：「我們認爲會考制度的建立……它直接間接都是爲了這一目的——在思想發生激劇分化的過渡時期，要用來束縛思想，消滅思想上的自由，這同時，聯繫到限制了行動的自由。如果說會考制度曾經收到如何的效果的話……也只是收到了不過是青年學生的思想和行動被相當的束縛了而已。」〔註116〕

<hr />

〔註114〕湖北教育界者宿王郁之的回憶可爲蘇雲峰此說添一注腳。教育界結黨營私，由頭多，範圍廣，校友、老鄉等均可作爲派系，並且中學界亦盛。「例如高中是北大派的人當校長，其中教職員便大都是這位校長的同學。由於經常打牌賭博，以致課講差一點，缺課多一點，也無所謂。再如，省一中的校長是 CC派的，其中所有教職員也以 CC 派居多，他們相約賭博輕視課務，校長也不好責備。可以說從舊派起至 1938 年間，各級學校學生學業成績不好，品德亦差的原因，都是學系和黨派的鬥爭所造成的。」參見王郁之：《舊湖北教育界的明爭暗鬥》，《武漢文史資料文庫》第四卷（教育文化），武漢出版社 1999年版，第 171～172 頁。

〔註115〕蘇雲峰：《從清華學堂到清華大學（1928～1937 年）》，三聯書店 2001年版，第 158～159 頁。

〔註116〕王鈞：《抗戰時期中學會考制度的商榷》，載《星芒、救亡聯合周刊》第 1 期，1937 年 11 月 13 日。轉引自於述勝著《中國教育制度通史》第七卷（民國時期），山東教育出版社 2000 年版，第 142 頁。

其實，民初以來，用考試的方法對學校進行整頓一直在進行。本章曾介紹的北京政府後期對大學和中學實行畢業復試制度，即是出於上述目的的努力。其形式也與會考相似，可以看作會考之濫觴。1926 年，江蘇吳縣教育局就試行了全縣小學畢業會考，並請局外對教育有研究的人為「典試主考」。嗣後，南京、上海、浙江、福建、河南等省市，亦先後分別試行中小學、師範學校、職業學校學生畢業會考。湖北省在黃建中任廳長的 1931 年，便提倡中等學校畢業會考。〔註 117〕同年，福建省教育廳還公佈執行《中小學畢業會考辦法大綱》《畢業會考施行細則》《畢業會考懲獎辦法》等法規法令。這就為在全國推行中等學校學生畢業會考提供了實踐經驗和教訓。總之，會考制度既有一石數鳥之功效可期，又有數省經驗可堪借鑒，對它的需要又頗迫切，因而政府全力推行也就不足怪了。

二、會考制度的流變

1932 年，全國正式推行「畢業會考」制度。是年 5 月，教育部頒佈《中小學學生畢業會考暫行規程》，規定：「為整齊小學初級中學，高級中學普通科學生畢業程度及增進效率起見，對於所屬各中小學應屆畢業原經學校考查及格之學生進行會考。」〔註 118〕由各省、市、縣教育行政機關負責組織委員會，辦理各地的畢業會考事宜。會考科目為：小學以國語、算術、社會、自然、體育為主；初中以黨義、國文、算學、歷史、地理、自然、體育、外國語為主；高中普通科為黨義、國文、算學、歷史、地理、物理、化學、生物學、外國語、體育。會考各科成績全部合格始准予畢業。成績一般分為甲、乙、丙、丁四個等級，甲等為優秀，丁等為不及格。有一至二科不及格者，可補考一次，仍不及格者，允許補習一年並參加下一年度的會考，但只限一次；三科以上不及格者須留級，也以一次為限。

會考的程序是，考前一個月，各學校將本校應屆畢業生造具名冊，連同各科成績表呈報主管教育行政機關。各會考委員會統一命題、設立考點、組織考試。會考結束時，分別以學生個人和學校為單位，根據平均成績，分別等級予以公佈。最後，主管教育行政機關還要將所轄地區實行會考的情況向

〔註117〕王郁之：《舊湖北教育界的明爭暗鬥》，《武漢文史資料文庫》第四卷（文化教育），武漢出版社 1999 年版，第 172 頁。

〔註118〕《中小學學生畢業會考暫行規程》（1932 年 5 月）。楊學為總主編：《中國考試史文獻集成》第七卷（民國），高等教育出版社 2003 年版，第 169 頁。

上一級教育行政機關呈報。1932 年，蘇、浙、皖、滬等 18 省市據此舉行了中小學學生畢業會考。

從規程規定和實施情況看，最初的會考呈現出以下特點：第一，會考的性質是中小學畢業水平考試；第二，它是國家規定舉行、承認結果的省級考試；第三，它分別以個人和學校爲單位發表成績，因而不僅可以判斷學生個人成績，而且可以判斷學校辦學質量的優劣，直接影響學校聲譽。

顯然，會考已成爲一種高利害考試，〔註 119〕它關乎學生的畢業和就業，也決定著學校的聲譽和生存。因此，它的面世引起了社會強烈的反響。有贊成支持的，也有反對批評的，尤其是學生，突然不能順利畢業，於是，聯名請求「停止會考」。山東、江蘇、上海、湖南、浙江等地都發生過學生罷考事件，更有激烈者甚至「搗毀教（育）廳」。〔註 120〕反對的意見，主要集中在三個方面：一是會考的「高利害性」觸動了一些人的利益。如有的學校，考試總體成績差無以向家長和社會交待；有「掛名讀書」者應考自然會無法過關，拿不到畢業證；還有靠關係取得教職的或敷衍教學者，難以再混下去，等等。他們都向會考制度發難。二是會考制度設計存在問題，不夠完善。第一，小學生難堪考試重負，小學會考有違教育目標。第二，會考規程規定會考成績計算由各省市自行決定，有的省便以一次考試決定學生能否畢業，不參考平時成績，並不恰當。第三，第一次會考命題標準把握不一，有的地方標準過高。如浙江第一次會考後，不及格或者有 1～2 門需要補考的，竟占應考人數的 74%。〔註 121〕三是過高的淘汰率，使會考的水平考試性質發生變異。引起大部分師生反對，自然可以理解。而由於教育部未及時公佈體育科會考標準，該科成績暫由「原校考查」，於是便出現了「考而不會」〔註 122〕、全體過關的局面。同是會考科目，卻走向另一極端，眞是「一考就死，一放就濫」。

〔註 119〕使用「高利害考試（high-risk test）」這個逐漸爲當前教育界認可的名稱來定義會考顯然是恰當的。它指的是一切與個人前途休戚相關的考試，如升學考試、就業考試、公務員考試等等，這些考試往往對學校教育及人們日常行爲產生很強的導向作用。參見〔美〕W.James Popham 著：《測驗的反思——對高利害測驗的建議》，中國輕工業出版社 2005 年版，第 7 頁。

〔註 120〕《中華教育界》第 21 卷第 2 期第 89～90 頁。

〔註 121〕參見楊學爲總主編，王奇生主編《中國考試通史》第四卷，首都師範大學出版社 2004 年版，第 355 頁。

〔註 122〕《中華教育界》第 21 卷第 5 期第 5 頁。

　　有鑒於此，教育部於 1933 年 12 月宣佈廢除小學畢業會考，並頒行《中學學生畢業會考規程》，對中學會考制度進行修訂和完善：（1）會考科目刪去了體育一門；改「黨義」為「公民」，初中取消了自然，增加了理化、生物、史地。（2）會考成績核算和結果處理上，各科畢業成績占 40%，會考成績占 60%，合併計算。這就計及了學生在校時的學習成績，降低了會考成績權重，也降低了會考的利害性。會考三科不及格者留級次數改為以二次為限；高中有二科或一科不及格者，獲核准後，亦可先行投考升學，經錄取後作為「試讀生」，待參加下屆各科會考及格取得畢業證書後，才能作為正式生。（3）教育部頒《中學學生畢業會考委員會規程》，確定組織細則。它規定，委員會由各省市區教育行政機關組建，以各該機關長官為委員長，聘請命題、主試（為分地區會考而設）、監試等委員 6～12 人，職員若干人。於會考之前一個月組建，會考事宜結束時撤銷。雖然這是個臨時性的機構，但教育部對其組成人員的權責規定得十分明確。（4）統一會考時間，嚴格會考程序。會考時間定為每年 6 月份最後一個星期及 1 月份第一個星期。各地在會考前一個月由學校將畢業生名冊呈報。參加會考之學校須於會考日前兩星期由舉行畢業考試，其各科成績應於會考前，呈報主管教育行政機關。

　　1934 年，會考的範圍擴大到師範學校。其目的，是使師範學校學生畢業時達到應達到的學業程度及增進教育效率。同年，教育部頒行《師範學校學生畢業會考暫行規程》，隨即河南、山東、福建等省市推行師範學校的畢業會考。《暫行規程》大體相同於《中學學生畢業會考規程》。其不同之處，主要是會考科目。

　　1937 年，會考範圍擴大到職業學校。由於職業學校種類繁多，統一會考無法全面展開，所以是年 3 月，教育部僅在全國推行高級助產及護士職業學校畢業會考制度。抗戰時期，教育部指定有關職業學校增設中等機械電機技術科、中等水利技術科；其畢業考試由考試院考選委員會會同教育部共同辦理，其銓定資格考試由考試院派選委員會辦理，實際上將畢業考試與銓定資格考試進行了銜接，「這一考試模式，實質上是對職業學校畢業會考制度的發展。」〔註 123〕

　　1933 年年底的會考改革之後，學生的學業負擔並未減輕，尤其是畢業之年，學校的畢業考試在 6 月上旬，會考在 6 月最後一周，而 7 月底 8 月初又

〔註 123〕參見謝青、湯德用《中國考試制度史》黃山書社 1995 年版，第 612 頁。

要應高考以升大學，短短兩個月內，竟有 3 場大考，每考科目頗多，雖說內容相同，卻不得不反覆復習。這幾個月裏，考試「疊床架屋」，學生不堪重負。坊間各種「會考指南」之類書籍乘虛而入，有的地方甚至取代了課本，應試主義十分嚴重。

1936 年及 1938 年，教育部又先後調整會考政策，對會考方法作了四點變更：

（1）調整科目，本著「注重基本科目，裁併次要科目」的原則，將會考科目由十餘科裁併為五科以內。調整後科目如下表（表 4-6）：

表 4-6　1936 年前後中學及師範學校會考科目變化情況表

學校類別	會考考試科目	裁併科目
高中、初中	國文、外語、算學、史地、理化	取消體育、公民、生物；將歷史、地理合為史地，物理、化學合為理化
師範學校、簡易師範學校	國文、算學、理化、教育概論、小學教材教法	取消公民、歷史、地理、生物、教育心理
鄉村師範、簡易鄉村師範	國文、算學、理化、教育概論、小學教材教法、農村經濟與合作（或鄉村教育）	取消公民、歷史、地理、生物、教育心理
幼稚師範科	國文、教育概論、兒童心理、幼稚園教材教法、保育法	取消公民、算學、物理、化學、歷史、地理、生物
體育師範學校	教育概論、教育原理、田徑、器械、球類	取消公民、國文、史地、理化、解剖、生理

資料來源：

1. 《中學及師範學校學生畢業會考辦法更定各點》（教育部第五二四四號訓令頒發，1936 年 4 月 18 日）。楊學為等主編《中國考試制度史資料選編》，黃山書社 1992 年版，第 710～711 頁。

2. 《體育師範學校學生畢業會考科目》（教育部第一四六五八號部令公佈，1934 年 12 月 1 日）。同上書第 730～731 頁。

3. 《修正中學學生畢業會考規程》（教育部第四二六七號部令公佈，1935 年 4 月 6 日）。同上書第 708～709 頁。

此次科目調整後，直至 1947 年會考停止，中學和師範學校的會考科目沒有變化。

（2）會考性質發生變更。教育部指出，會考「僅係考覈學生之學業成績」，

這就使會考由考查畢業學生各種科目的畢業水平考試，改爲僅考查主要科目的學業考試。當然，教育部仍強調指出：「學生操行成績及體育成績不及格者不得進級或畢業。各校應予應屆畢業學生之操行成績及體育成績，嚴加考覈。不得因學業成績尚能及格，即不論操行與體育成績能否及格，即准其一體參加會考。」〔註 124〕

（3）關於排列學生畢業名次辦法發生變更。將 1932 年以會考各科成績平均數排列學生名次的辦法改爲「依照其各科畢業成績總平均數排列之」，「此項總平均數的計算公式，爲會考各科成績加非會考各科成績之和，除以會考科目數加非會考科目數之和」〔註 125〕。這意味著，在學生學業成績總構成中，會考因科目數減少，成績所佔權重也減少了。

（4）探索會考與高考的關係，以免試升學獎勵會考成績優異者。1938 年，各省立高中會考成績優秀學生和國立各中學高中優秀畢業生一樣，成績列前 15%者，可以免試保送入大學；1939 年，取消了國立中學畢業生保送權限，全部改爲高中畢業會考成績優秀者免試保送，比例降爲 10%；1940 年和 1941 年，均爲 10%；1942 年又爲 15%。〔註 126〕僅允許高中會考與免試上大學掛鈎，表明教育部對會考重要性的強調和對政府考試權的重申。1943 年，教育部又試辦「聯合考試」，以舉辦夏令營形式，將贛、黔、甘三省高中畢業會考與高考聯合舉辦（簡稱聯合考試），實際上是將會考與高考合併舉辦，使會考也具有了選拔考試的性質。這一年三省有 3835 人參加聯合考試，高校錄取 1777 人。1944 年聯合考試停辦。〔註 127〕

實際上，自抗戰全面爆發，由於時局動盪，國土破碎，學校遷徙，交通不便，會考即已無法全面進行，只在部分地區舉辦。不過，自此一直到 1947 年會考中止，會考辦法並無大的變化。

〔註 124〕《中學及師範學校學生畢業會考辦法更定各點》（教育部第五二四四號訓令頒發，1936 年 4 月 18 日）。楊學爲等主編：《中國考試制度史資料選編》，黃山書社 1992 年版，第 711 頁。

〔註 125〕《中學及師範學校學生畢業會考辦法更定各點》（教育部第五二四四號訓令頒發，1936 年 4 月 18 日）。楊學爲等主編：《中國考試制度史資料選編》，黃山書社 1992 年版，第 711 頁。

〔註 126〕參見《專科以上學校歷年招生概況》，楊學爲等主編：《中國考試制度史資料選編》，黃山書社 1992 年版，第 742～750 頁。

〔註 127〕參見《專科以上學校歷年招生概況》，楊學爲等主編：《中國考試制度史資料選編》，黃山書社 1992 年版，第 755 頁。

綜上所述，產生和發展於動蕩不安社會背景之下的會考，大致沿著以下軌迹發生流變：考試對象上，由中小學畢業生縮減爲中學畢業生，又擴至師範學校和職業學校畢業生；考試規模上，人數和施考區域呈遞減態勢；考試科目上，由幾乎所有所學科目到減爲五科以內，最後定型爲以主要基礎科目爲主；考試性質上，由畢業水平考試變爲學業成績考試，又曾具備過選拔考試性質，趨於複雜；考試利害性上，由會考決定畢業與否，變爲與學校畢業試成績共同計算，共同決定學生畢業與否，利害性上減輕權重。

三、會考的積極影響和消極作用

對民國會考制度這一中國考試史上前所未有之創舉，不僅當時社會輿論毀譽參半，而且今天中國學術界亦有爭論。結合中國當代會考制度的實施及其所處之困境，對它的評價就更具深遠的歷史意義和現實意義了。

會考制度的本質，是測定某類學校的學生是否達到國家規定程度和標準。它是一種水平考試，很早就出現在歐洲國家。德國享有悠久歷史的高中畢業會考（Abitür），於 1788 年始創於普魯士，它不僅檢測中學的畢業水平，而且被大學作爲入學成績予以採納。而法國的會考制度是 1808 年拿破侖建立的，通過會考者被稱爲業士（bachelier）。因此會考又稱業士考試。「拿破侖建立會考含有兩大意義：一是彰顯中央的高度控制，二是體現國家主宰教學。」〔註 128〕二次大戰後，會考制度先後在各國經歷了革改和調適，但會考的本質意義並未改變。其功能，一是貫徹國家制訂的教育目標，引導學校教育方向；二是強調國家教育標準，主要是畢業標準和課程標準；三是檢測學校辦學情況和學生學習情況。而在這些功能實現過程中，又長期存在著教育機會和教育基礎不等、注重考試與偏科傾向等矛盾，因此會考制度歷來沒有得到指向一致的評價，正所謂「聞查會考制之爲功、爲罪，爲教育人士所紛紜聚訟，而尚未獲定論者。」〔註 129〕

民國時期會考制度的實施亦然。在當時社會背景下，實施會考制度的積極影響十分明顯，而消極作用也如時人所指，是一種客觀存在。從積極方面講，會考的作用主要體現在下面三個方面。

〔註 128〕參見康乃美、蔡熾昌等著：《中外考試制度比較研究》，華中師範大學出版社 2002 年版，第 51～81 頁。

〔註 129〕《四川省參議會第一屆二次大會有關恢復會考制度提案兩件》（1946 年 2 月 14 日）。中國第二歷史檔案館藏：全宗號五，案卷號 7040。

　　第一，在政治方面，會考通過重建政府考試權，有利於貫徹國家的意志，凝聚國民人心，強化學生教師與政府間關係。由於民初以來考試權在學校，國家對人才標準、教育管理、學校標準、畢業水平等方面的意志，只有通過制定教育宗旨、學制系統和課程標準等渠道來實現，而考試作爲檢測教育效果的最終環節，並不爲國家所控制，教育實施一由學校決定，學生及其背後的家長、社會聽命於學校，因而無法確保國家意志的貫徹。正如有人指出那樣，民國建立以來，「各地對於課程教學，甚至教育宗旨，從沒有整個規劃，以至全國教育無一公共目標，國民意識日趨分裂」。〔註130〕會考制度的建立實際上是部分重建了國家考試權，通過制度申明國家對教育發展水平進行管理的義務與權利。

　　會考將國家意志、國家所倡導的社會主體價值觀等，以考試政策、法規、標準、內容、考試結果效用等方式，具體地體現在中等學校學生均齊目標、職業要求、價值取向之中。如增設三民主義課程並列爲必考科目，以推行三民主義所倡導的理念和價值觀；又如考查本國史地，以增強學生對國家和民族的瞭解與熱愛，進而將這種熱愛轉移到現行政府和「領袖」身上等，都使人們通過考試予以認識、理解、接受並付諸行動，從而自覺縮短了教師、學生個人與國民政府的距離，增進了其對政府的信賴和依存感，促使其以國家政府確立之標準、目標作爲自己成才的標準和奮鬥目標，以獲得國家的認可爲滿足，進而產生理想實現的成就感。因此，民國政府在動盪和戰亂的社會環境中，設立統一會考制度，對穩定社會、凝聚人心產生了重要作用。對這一點，當時已有論者予以肯定。如康君六著文討論設立會考之必要時就曾說，「中國此時，正當中央集權的封建的統治崩壞之後，國內陷於四分五裂，統一與安定的要求，實最迫切。所以不論由縱的或橫的方面而言，中國今日的需要是集中的統制，而決不是分散的自由主義。」「中國今日，當農村經濟破產而新式企業又未能振興之時，正需有全盤的計劃，以調劑人材的需要並考覈其所成，而考試制度則爲此方法之唯一有效者，是國家對於教育的一種統制。」〔註131〕

　　第二，在教育管理方面，會考起到了落實標準、整齊程度、整頓教風和學風的作用。從歷來的教育實踐看，考試對教育活動的效率和外部效益都有

〔註130〕吳自強：《畢業會考眞要壽終正寢嗎》，《中華教育界》第 24 卷第 12 期。
〔註131〕《論會考》（1933 年），《社會與教育》第六卷第 4 期。

直接的影響。尤其是統一考試,「是國家督促教育發展,控制教育水準,合理分配教育資源,規範教育教學行為的必備措施」〔註132〕。會考實行之前,中學畢業考試權在學校,考試命題難易不同,考試實施無統一規範,評卷寬嚴不一。還有「經營性」學校,只要學生來就可畢業。各地各校的畢業考試不僅難以反映學生真實水平,而且無可比性,教育質量高下難分。統一會考克服了這些弊端,通過統一畢業的測試標準,統一命題施考和閱卷,使國家掌握了比較科學的宏觀控制中學教育質量的方法。正如學者吳俊升所說:「我覺得國家或地方用公款來創設和維持學校,是有權來考覈各校辦理成績的,而會考制度,便是一種比較公允的考覈教育成績的方法。由國家給予一紙文憑……社會上既憑文憑的有無來考量和任用個人,那麼這一紙文憑的社會的意義是何等重大!從這一點看,為保障社會的福利起見,由代表社會的政府機關,對於文憑的給予與否,作一最後的考覈,也是應該的事。」〔註133〕

　　會考還有力地推動了課程標準的執行。教育部於1929年頒行《中學課程標準》,但有些學校拒不執行,仍在高中實行文理分科,使學生知識結構片面、殘缺。如河北省在1934年籌辦高中畢業會考時,即面臨文科和理科考生是否考理科和文科課程的問題,只好請求教育部予以通融,使文、理科各只考本科類課程。教育部回覆稱:「該省高中仍有分文理兩組,殊屬不合,至中學會考科目,事關通案,未便變通,所請礙難照准。」河北省只好設法給文理科學生分別補習未學過的科目,並要求積極參加會考。最終會考的及格率僅有54.2%。〔註134〕但由此改變了在高中分文理科的做法。所以有學者說:「欲使全國中學程度,克達於一定之水平線上,自非勵行會考之制不為功。」〔註135〕可見會考有力地促進了課程標準的推行,整齊了學校程度。「會考照課程標準命題,推行的力量比什麼都大」〔註136〕。國家的教育規劃和目標由此得以更好地實現。

　　會考強化了學校的管理。既可促進教師改進教學,提高自身素質;又有利於調動學生積極性,形成好學上進的學風。國民政府教育當局通過將學校會考成績列甲、乙、丙、丁四等,並登報公示等辦法,使辦學成績優良的學

〔註132〕廖平勝:《考試學原理》,華中師範大學出版社2003年版,第159頁。

〔註133〕吳俊升:《寫在各省舉行中等學校畢業會考以前》,《大公報》1935年5月12日。

〔註134〕《教育雜誌》第26卷第4號。

〔註135〕潘淵:《中學會考規程之檢討》,《教育雜誌》第26卷第4號(1936年)。

〔註136〕章柳泉:《中學會考問題》,《中華教育界》第21卷第5期。

校得到社會矚目和國家政府的襃揚，從而吸引更多優秀生源報考和辦學資金投入，辦學的積極性和實力增強；與此同時，又可使會考成績總體較差的學校自然淘汰或迫使其大力整改。會考前，辦學門檻很低，學校混亂複雜，有的學校甚至「專以收費爲目的」。會考後，成績不合格，學校已無權發文憑，「買賣式的學校」由此失去了交換金錢的條件，再也無法辦下去了。若學校會考成績較差，「在公立學校，人數減少，或合併班級，不免減少學費。在私立學校，恃學費收入爲大宗者，學生減少後，更恐無從維持其存在，不啻無形淘汰」〔註137〕。加上教育部於 1934 年 7 月明確規定：「凡會考成績過低或經視察認爲成績低弱者，應限其招生額或停止招生，限期責令改善。其有成績惡劣難期改進者，應勒令停閉。」〔註138〕在行政手段和社會輿論雙重壓力下，學校不得不遵守會考帶來的平等競爭、優勝劣汰的原則，從嚴管理了。

學校管理者強化管理，壓力就會下移給教師和學生，從而激發教師教學積極性和學生的學習積極性。這是會考帶來的又一正面影響。孫鈺有言：「從前學校請教員，多不甚認眞，只要是有力的人介紹或是與自己有相當關係，就可請來做教員。現在因爲會考的關係，請教員都比從前認眞了，那些濫竽充數不能勝任的教員，無形中被淘汰了」。「自從實行會考以來，無論教師方面學生方面，工作確是比以前緊張了。從前一天上三小時課，現在上四小時課了；從前下課沒有自習，現在下課有自習了……把懶散的學校變爲緊張的學校，不能不說是會考的影響。」〔註139〕因此，1936 年發表的中國教育學會平、津兩分會的調查報告所得出結論是：「舉行畢業會考，在教育行政上確收莫大效力。」〔註140〕

這結論，實際還點出了畢業會考的弊端，即過於強化「教育行政」，必然也有利於「黨化教育」，必然會重新落入「政教合一」的窠臼，從而表現爲對學校、教師和學生的主體性不夠尊重，進而以政治需求取代教育規律。簡要說來，會考之弊端也有三點可述：

第一，在會考決定學校、教師和學生前途與命運的高利害性的驅使下，

〔註137〕《教育雜誌》第 26 卷第 4 號（1936 年）

〔註138〕教育部 8891 號電各省市廳局《經會考及視察之公私立中學成績低弱或成績惡劣之處置辦法》，《教育法令彙編》第 1 輯，第 183～184 頁。

〔註139〕孫鈺：《畢業會考利弊的檢討》，《教育雜誌》第 26 卷第 4 號（1936 年）。

〔註140〕李建勳：《關於會考實際經驗的調查·總論》，《教育雜誌》第 26 卷第 4 號（1936 年）。

教育很快走進了應試教育的死胡同。會考本是水平性而非競爭性考試，但由於教育當局厲行嚴格淘汰，考後張榜公佈成績，不合格學生無法取得畢業文憑，辦學差的學校要遭淘汰，因此會考功能便朝著競爭性考試方向傾斜，導致學校間、學生間的激烈競爭。並且，「會考的作用，似在消極的取締而不在積極的輔導」〔註141〕。在此種壓力下，學校和教師自然會選擇「會考不考的不教」，學生也會選擇「會考不考的不學」。教育實踐在會考制度的指揮棒下，離德、智、體、美並重的教育宗旨越來越遠。尤其是會考科目穩定在五門之後，學生嚴重偏科，知識結構片面化和不完整的情況越來越嚴重。爲了應付考試，師生協同，教師搞滿堂灌、注入式教學，學生則死記硬背，取《會考指南》之類的應試書籍而棄正常的教材於不顧，於是教育走上了科舉應試的老路，受到社會知識界特別是教育界的嚴厲抨擊。

第二，過大的考試壓力，「減少學校的生機」，「影響學生的身體」〔註142〕。會考後，由於學生應考種類多，尤其在畢業之一月內先後要應學期考、畢業考、又要應會考，負擔很重。有些學校爲應付考試，教學時間濫增至每周四十八小時，「違反學習定理，損害青年身心，貽害甚大」〔註143〕。學生方面，常有「過分用功的毛病」：「一天到晚捧著書的也有，半夜裏點蠟燭看書的也有；因心理上的恐惶造成生理上的不健康的也有。學生們把落第看得比身體重要，而況會考不得法，落第的機會又太容易得到，無怪他們要犧牲身體來應考了。」本來，民國建立後，「自從美國教育思想傳入中國後，學校社會化乃爲一般從事教育者所看重，狹隘的修身科，變爲公民訓練，各種課外活動，在學校裏大爲活躍，學生除獲得知識以外，心身方面還得著正當的訓練，所謂休閒教育，也從理論進到實際，使學校裏充滿生機，這不能不說是一個進步。可是會考一來，這生機就要受摧殘了」〔註144〕。民初以來中國教育發展中最可貴的自由、獨立精神就由此被「爲武器的畢業會考」扼殺了〔註145〕，學校的生機、學生的生機也蕩然無存。教育家陶行知先生憤然提出：「奇怪的很！這樣大規模的消滅民族生存的教育行政不是出於信仰而是出於敷衍，不是出於理性而是出於武斷……」〔註146〕

〔註141〕青士：《會考制平議》，《教育與職業》第 146 期（1933 年）。

〔註142〕《中華教育界》第 21 卷第 5 期（1933 年）。

〔註143〕《教育雜誌》第 26 卷第 4 號（1936 年）。

〔註144〕章柳泉：《中學會考問題》，《中華教育界》第 21 卷第 5 期（1933 年）。

〔註145〕子鉢：《爲武器的畢業會考》，《國聞周報》第 1 卷第 5 期（1934 年 1 月）。

〔註146〕陶行知：《殺人的會考與創造的考成》，《生活教育》第 1 卷第 8 期。

　　第三，由於會考制度設計和實施中的進退失據，國家和政府的權威反受傷害，會考的政治和教育管理功能的實現也大打折扣。會考設立的目的，本在整齊地方教育，統一畢業水平，提高教育質量，它根據課程標準和教學大綱設立，考試內容的範圍和試題的難易度本應處於一個基本穩定的狀態，才有利於目的的達成。但由於會考實施之初，沒有充分估計到中國各地教育資源、教育水平的差異之巨大，設置科目太多，考試內容量偏大，試題偏難，發現問題後又調整不力，以至於在第一次會考後，出現了各地成績差異極大的情形。如浙江省 90% 的非省立學校在丙等以下，1934 年會考廣東省全部過關及格而廣西省全部不及格，等等。針對這樣大起大落的情形，陶行知發問說：「就表面成績看，廣東會考是幾乎全體及格，廣西會考是幾乎全體不及格。廣東對呢？廣西對呢？誰知道？浙江會考，紹興中學第一次是背榜，到了第二次竟一跳而為第一。紹興中學第一次的整個成績果真壞嗎？第二次的整個成績果真好嗎？真成績之好壞是這樣的容易調換嗎？誰敢說？」〔註147〕政府當局當然「不敢說」，於是將會考的科目減少，程度向較差的學校傾斜，這就在相應降低整個中等學校學生畢業程度的同時，也大大降低了會考這種國家考試的信度，因此有人說：「以教育當局的無力軟化，照這樣推去，畢業會考制度將要壽終正寢了。」〔註148〕此語不幸言中。

四、學業競試的創辦

　　學業競試，是 20 世紀 40 年代國民政府教育部舉辦的專科以上學校的競爭性考試。競試科目以學校所開科目為主，全國統一命題，優勝者獲得獎勵，所在學校也獲得榮譽（教育部對競試成績優良學校傳令嘉獎）。因此，學業競試的目的是鼓勵勤奮學習，提高學校教學質量。1939 年，教育部「為激發抗戰情緒，闡揚建國理論，培養青年研究與興趣起見」〔註149〕，就曾舉辦過全國專科以上學校學生抗戰論文比賽，收到參試論文 1700 餘冊，教育部擇優進行了獎勵。這可以視為學業競試的前身。

　　學業競試是在高等學校之間舉行的系統內考試，從 1940 年 2 月到 1945 年間，國統區高等學校先後舉辦了 6 次學業競試。具體情況如下表（表4-7）：

〔註147〕陶行知：《殺人的會考與創造的考成》，《生活教育》第 1 卷第 8 期。
〔註148〕吳自強：《畢業會考制度真要壽終正寢嗎》，《中華教育界》第 24 卷第 12 期。
〔註149〕《學業競試之實施》（1943 年 1 月）。中國第二歷史檔案館藏：全宗號五（2），
　　　　　案卷號 720；又見教育部高等教育司編：《高等教育概述》。

表 4-7 1940～1945 年學業競試情況表

項目 時間	競試對象	競試分類與科目			競試程序			競試結果		獎勵情況
		類別	科目	參加者	初試（選）	復試（選）		參加人數	錄取人數	
第一屆 (1940)	全國大學、獨立學院本科生	甲類	國文、英文（法或德文）、數學	本科一年級生，自由報考，報考一至三科	由院校為單位，報考在80人以內選各科每科最優1名，題考試和評閱論文、取錄後為初選。超過80則每科各增1人	選拔每科成績最優各10名	教育部命題考試和組織畢業論文評選委員會評選、取錄後會復決選生	410	31	每科第1名部獎書券300元，2～5名各獎書券250元，6～10名各獎書券200元；頒發獎狀；公佈姓名並記錄於榮譽學生名冊
		乙類	教育部指定各科系主要科目	本科二、三年級生，自報考	以年級為單位，各科系每年級報考超過5人選最優1名，不足5人本科併入其他年級合選	選拔各科系每年級成績最優各1名	具造冊呈教育部復試（選）。各校學系少於3則就初選部獎勵生免復試	619	62	部獎書券各300元；頒發獎狀；公佈姓名並記錄於榮譽學生名冊
		丙類	畢業論文	本科四年級生一律參加	以學系為單位、選拔本年度	選拔畢業論文最優者30名		240	30人；另有次優獎勵12人	給予書券獎勵：第1名300元，2～10名各250元，11～20名各200

屆次	類	科目	參加對象	畢業論文最優者	辦理方式	報考人數	獎勵	備註
第二屆(1941) 一、二、四年級本科生（醫學院一、二、四、六年級）和專科及臨時政治學院一、二年級生	甲類	國文、外國文（英、德、法）、數學	本、專科及專科一年級生選擇一至三科		以各生本年年學期試驗代替初試，上海區由部駐滬專員分發初試題，並派員監試	847	32（實計29）	同第一屆
	乙類	教育部指定科目，學科與上屆略有不同	本科二年級生（醫學院二、四年級）自由報考		部分事務由教育部令各區組織學業競試復試委員會辦理。各校總計學系少於3則免復試	721	59	
	丙類	畢業論文	本科四年級生（醫學院一、六年級）一律參加	畢業論文最優者1名	仍就本年應屆畢業生論文競選	254	30（實計31）、次優、獎勵11人	
第三屆(1942) 本科生及相應專科或專修科生	甲類	三民主義、國文、英文、數學	本、專科或專修科一年級生，任擇一或二科		部分事務由教育部令各區組織學業競試復試委員會辦理	613	44（實計42）	同第一屆
	乙類	教育部指定各科系一個科目	大學各年級生及已修習該類競試科目之專科或專修科生			1100	89	
	丙類	畢業論文	本科四年級生（醫學院六年級）及	每一系科甄選最優論文2篇參加復選	由校甄選每科成績最優者2～5名參加復試	224	30（實計33）、次優、獎勵13	

備註（續）：元，21～30名各100元，頒發獎狀；論文酌予出版，盡先介紹工作；公佈姓名並記錄於榮譽學生名冊

屆次	類別	競試科目	已修習該類競試科目之專科或專修科生	初選	復選	人數	獲獎	獎勵
第四屆(1943)	丙類	畢業論文	本科四年級生（醫學院六年級）一律參加	每一系科甄選最優論文2篇參加復選	教育部聘請專家組織畢業論文評選委員會詳閱	234	30（實計34），次優獎勵11人（實計14）人（實計14）	教育部予以書券、獎狀等獎勵
第五屆(1944)	甲類	國文，以《中國之命運》為題材	本科各年級生一律參加	教育部頒發試題，各校先行初選成績優良卷5~10本、寄呈全部參加復選	教育部聘請評選委員三人輪流評閱，以各委員評定成績之平均分為各復選成績	612	由於試卷被毀，結果不詳	原定由教育部選拔30名為決選生，並予書券、獎狀等獎勵。但由於試卷被毀，未公佈結果
第六屆(1945)	甲類	三民主義	文、法、商、師範類本科及專科、專修本科或專修各年級生一律參加	各校先行初選成績優良卷每科5本、送部參加復選	同第五屆			
		物理、化學、數學	理、工、農、醫類本科及專科或專修各年級生任擇一科					

資料來源：

1. 《全國專科以上學校學生學業競試辦法》（教育部第三五一八號部令公佈，1940年2月5日）。
2. 《全國專科以上學校學生學業競試獎勵辦法》（教育部第一五四○號部令公佈，1940年5月18日）。
3. 《專科以上學校歷年招生、競試概況和統計數字》《第二次中國教育年鑒》第五編，高等教育。

注：上述資料分別參見楊學為主編：《中國考試制度史資料選編》，黃山書社1992年版，第683頁、第684頁，第759～775頁。

　　學業競試在艱苦的戰爭環境中勉力舉辦，鼓勵了廣大學子專心學業，也起到了促使學校提高教學質量的作用。因此，前三屆獲得了各大學學生的積極參與，激起了各高等學校間的教學競爭。從學業競試的獲獎名單中，我們不難發現一些在日後所學領域中的著名人物，如獲第二屆乙類競試數學科第一名的路見可，獲第三屆乙類競試物理學系第一名的楊振寧，乙類國文學系第三名石聲淮。單純從考試的效度看，學業競試確實使一些佼佼者顯露了出來。

　　從表 4-7 可以看出，學業競試的規模（學科、參加人數）呈由大變小的態勢。鑒於當時全國處於戰爭狀態，學業競試是分區進行的，第一屆至第五屆，參加復選之學生，分別為 1269、1822、1937、234、642 人（最後一屆人數不詳）。在競試學科方面，第一屆、第二屆基本相同，為各院校所設主要學科；第三屆乙類由一系科的多科目改為教育部指定一系科一個科目；至第四屆，則只有丙類畢業論文競選而無甲、乙兩類學科競試，參加人數範圍限於畢業年級，參加人數自然驟減。第五屆，更是由過去的甲、乙、丙三類減為甲類一類，由多科目減為甲類國文一個科目，並且指定以蔣介石所著之《中國之命運》為題材，實際上變成了命題作文比賽。參加競試的對象也由過去院系選拔改為強迫專科以上學校各年級學生「一律參加競試」，因此遭到學校和學生反對。第六屆競試，強制色彩愈加濃烈，學科上僅規定三民主義、物理、化學、數學四種，規定文、法、商、師範類高等學生一律參加「三民主義」競試，理、工、農、醫類高校學生均應在數理化中任選一科參加競試。競試之「競」的自願色彩已褪盡。文科生參加的「三民主義」競試，已無法稱之為學科學業競試，而是以考試為手段進行的政治灌輸。第五屆、第六屆的學業競試，由於試卷被毀，結果也沒有向全國公佈。一個最初受到積極響應的學業競爭性考試的創舉，在獨裁政治的「積極參與」下，最後只能以此種形式無果而終。

第五節　留學考試的發展

　　民國時期的留學教育深受特定的社會文化背景影響，留學生成員的構成，已突破社會階層和年齡、性別的限制；留學重心，也從日本轉向歐美；留學專業結構，由清末盛極一時的單一法政學科向文法、理工等多個專業轉變；留學管理，也從分散走向統一，管理辦法和政策趨於嚴密，除規範

原有公費留學考試外，還創辦了自費留學考試；考試競爭激烈，具有較高的效度。

一、北京政府時期的留學考試

北京政府時期公費留學又分兩種：一是教育部等部公派出國，由各省負擔費用，稱爲部派省費留學生；二是庚款留學生，由各國返還中國的庚子賠款負擔費用。公費留學需要參加競爭考試，而自費留學則無需考試。

民國成立後，教育部加強了對留學的管理。在留學資格方面，由於清末向無嚴格限制，直到光緒三十二年（1906），才開始規定無論公費和自費，留學均須以中學畢業爲最高資格。北京政府於 1912 年將公費留學資格提高到大學和專門學校的畢業水平。〔註150〕1916 年 10 月 18 日，教育部正式公佈《選派留學外國學生規程》，明確地將公費留學資格，提高到從大學、專門學校本科畢業生及大學、專門學校教授中選派。〔註151〕對自費留學資格，民國政府於 1914 年和 1924 年先後公佈《管理留學日本自費生暫行規程》和《管理自費生留學規程》，其中規定：「(1) 中學以上學校畢業者；(2) 中學以上各校教員和辦理教育事務二年以上者。」〔註152〕即依然以中學畢業爲主要資格，較公費留學爲低。直到 1933 年《國外留學規程》頒佈，自費留學資格才提高到大學或專科學校畢業水平。

留學考試方面，民初規定「以檢定試驗選拔之」。部派省費留學生的選拔考試分第一試和第二試，第一試由各省舉行，第二試由教育部在首都舉行。第二試考試及格，由教育部派送出國。〔註153〕庚款留學生方面，清華學堂每年派遣，分三類：一是留美預備部畢業生；二是專科男生，三是專科女生。

〔註150〕 1912 年 7 月，教育部在《呈大總統效力民國諸員請派留學應由稽勳局辦理文》中提出：「本部新定留學規程，凡官費留學生，非大學或專門學校畢業者，不能當選。」劉眞主編：《留學教育》（三）第 989 頁。轉引自謝青、湯德用主編：《中國考試制度史》，黃山書社 1995 年版，第 651 頁。

〔註151〕 《選派留學外國學生規程》，中國第二歷史檔案館藏：全宗號一〇五七②，案卷號 12。楊學爲總主編：《中國考試史文獻集成》第七卷（民國），高等教育出版社 2003 年版，第 31～32 頁。

〔註152〕 劉眞主編：《留學教育》（三），第 1291 頁，又《政府公報》第 3001 號（1924年 7 月 30 日）。參見謝青、湯德用主編：《中國考試制度史》，黃山書社 1995年版，第 651～652 頁。

〔註153〕 《選派留學外國學生規程》（1916 年 10 月 18 日），中國第二歷史檔案館藏：全宗號一〇五七②，案卷號 12。楊學爲總主編：《中國考試史文獻集成》第七卷（民國），高等教育出版社 2003 年版，第 31～32 頁。

留美預備部畢業生以本校學行優美的高等科畢業生中選派；專科男生、女生面向全國公開招考。至於自費留學考試，並無規定，只須報經教育部核准，有人擔保、籌足留學費用即可出國留學。

北京政府時期還舉行過一次回國留學生甄拔考試。此為袁世凱政府為了籠絡日益增多的回國留學生、仿照晚清辦法舉行的考試，並按錄取等第授以官秩，分發工作。

（一）部派省費留學考試情形

根據民初的規定，部派省費留學生考試分第一試、第二試。第一試由各省行政長官在當地舉行，考試科目為國文、外國文。第二試由教育部在首都舉辦，考試科目為國文、外國文、調驗成績、口試。國文、外國文之考試，視其派赴留學地方及研究科目，酌量命題。成績的調驗，以歷年研究著述及一切學業狀證為據。口試就其所學及志願發問。但大學及專門學校之教授與留學國外大學、專門學校畢業生，可以全部或部分免試。

第一試不及格不得應第二試，其第一試合格之試卷，由省行政長官咨送教育部覆核。每屆選派學生，先期由教育部議定名額數、留學地方、年限和研究科目，及各省應送備選學生人數，並第二試在京舉行日期一同公佈。第二試考試合格的學生，辦理有關手續後即可到教育部領憑出國。留學生自出國之日起，至歸抵本國之日止，應以本國文字作留學日記，記錄所學事項，每月將留學日記呈交教育部考覈。留學日記和著述、報告等，由教育部摘要編印成書，分送政府各部院及各省參考。留學成績特優者，由教育部給予褒獎。學成回國後，有聽從教育總長指派職務或各部院咨調任用之義務。

1917 年 5 月 19 日，教育部為首次舉行省費留學第二試，又制定了《選派留學生第二試試驗細則》。規定第一試考試及格和依《選派留學國外學生規程》准免第一試者，方可選送參加第二試。參加第二試的考生，須在考前具親筆願書、履歷及相片送教育部。如有著述及畢業文憑，也應一同送驗。考試程序為：第一次考國文及外國文論說，第二次考科學條對，第三次考口試。

為舉辦第二試，教育部組織了選派留學生考試委員會。這是一個陣容強大的委員會，由北京大學教授胡適、馮祖荀、唐鉞、丁燮林、張大椿、程振鈞，北京工業專門學校校長俞同奎、教授錢家瀚，北京農業專門學校教授陸費執，農商部技正陳傳瑚、技士陶鎔，交通部部長王蔚文，京漢鐵路工務處課長劉家駿，中國銀行總司券程良楷，首善醫院主任瞿鈞等 15 名專家學者組

成。〔註154〕最終錄取及格學生 40 名。教育部對這次第二試各生的成績、姓名、所屬何省何校名額、免試姓名等，均在《教育部公報》上予以公佈。並自 1917 年起每次第二試後均予公佈。下表（表 4-8）列舉了 1917～1925 年間第二試考試情況。

表 4-8　北京政府時期公費留學考試第二試情況統計表〔註155〕

考試時間	錄取數	考生來源	說　明
1917·8	40	奉天省 2 名、山東省 5 名、山西省 5 名、浙江省 13 名、湖北省 14 名、江蘇省 1 名	本次考試成績最高者為山東周正煌（81.69 分）和浙江何德奎（81.56 分）
1918·6	9	未公佈省份	
1919·7	21	山東省 6 名、河南省 6 名、山西省 2 名、浙江省 2 名、江西省 2 名、江蘇省 3 名	成績最高者為山東王榮光（97.50 分），傅斯年（山東）、馮友蘭（河南）為本屆公費生。
1920·7	48	山東省 12 名、陝西省 2 名、吉林省 4 名、安徽省 3 名、河南省 5 名、湖北省 5 名、浙江省 4 名、江蘇省 8 名、山西省 1 名、廣東省 1 名、北京法政專門學校 1 名、山西大學 1 名、北京大學 1 名	成績最高者為湖北黃建中（85 分）
1922.12	32	浙江省 7 名、江蘇省 5 名、江西省 4 名、安徽省 3 名、湖北省 3 名、山東省 5 名、直隸省 4 名、甘肅省 1 名	成績最高者為湖北涂允檀（84 分）
1925	23	山東省 12 名、察哈爾省 3 名、吉林省 2 名、安徽省 4 名、國立北京法政大學 2 名	成績最高者為安徽朱光潛（80.50 分）

資料來源：《教育公報》第 5 年第 9 期，第 7 年第 8 期；《留學教育》（三）第 1564～1571 頁。

　　由上表可知，這一時期經教育部考試合格並獲得委派的省費留學生並不多。但必須說明的是，這些數字並不能準確說明當時中國留學生的數量，因

〔註154〕參見《教育部考驗留學生第二試試驗委員會的組成》，楊學為等主編：《中國考試制度史資料選編》，黃山書社 1992 年版，第 619～620 頁。
〔註155〕本表中錄取及格考生數字均包括備取生。

為中央政府其他部院所派留學生並未統計在內，此外各省政府也派出了數量不等的留學生。儘管民國政府意圖開拓留學渠道，加強留學教育管理，但無奈國內政局動蕩，常處危機之中，中央政權控制力和影響力明顯削弱，且財政支絀，力不從心，所以此期留學運動顯示出混亂之象也就不足為怪了。

（二）清華庚款留美考試

　　庚子賠款部分退回中國用於選派中國青年赴美留學，是 1908 年 5 月美國國會批准的。清政府於 1909 年 6 月成立遊美學務處，專門負責赴美留學生選派事宜；又於北京西郊清華園設立留美預備學校性質的「遊美肄業館」，培訓學生。經過中美兩國一年多的籌備，1909 年 8 月在北京史家胡同舉行了第一次庚款留美選拔考試，錄取了 47 名留美生；1910 年 7 月、1911 年 7 月，又分別舉行第二次、第三次考試，各錄取留美生 70 名、63 名，加上第一批留美生中未經考試而錄取的秉志等 3 名貴族官僚子弟，截止 1911 年，以庚款派往美國的學生已達 183 名。〔註156〕

　　1911 年 4 月，留美肄業館易名為清華學堂。辛亥革命後，又更名為清華學校。其學制，分高等科和中等科，各為四年，高等科的三、四年級，實際上是大學的一、二年級，或相當於美國的初級大學（Junior College），學生畢業赴美後，可以直接插入美國大學的二、三年級學習。1914 年，清華停招中等科新生；1921 年改高等科四年級為大學一年級，大一級學生仍為留美預備生；1924 年停招高等科；1928 年正式改辦為國立大學；1929 年夏，清華留美預備部最後一期學生全部畢業留美後，留美預備部全部結束，清華大學不再擔當留美預備學校的任務。1911～1929 年，共計派留美學生 1279 人。〔註157〕

　　清華選派的留美學生大致可分為四類，一是本校德、智、體三育俱優的畢業生。二是臨時招考的專科生。清華自 1916 年始面向社會公開招考專科生，每年一次，每次招 6～7 人，年在 28 歲以內，曾於國內外有關各科專門學校畢業、能入美國大學研究院進求高深學問者，均可報考。三是臨時招考的女生。自 1919 年始每兩年一次面向社會公開招考，每次招 10 人。凡體健品淑、天足且未訂婚、年在 23 歲以內，國學至少在中學畢業程度、英文及科學能直

〔註156〕參見《中國近代教育史資料彙編・留學教育》，上海教育出版社 1991 年版，第 88～122 頁。
〔註157〕參見《清華大學校史稿》，中華書局出版。楊學為等主編：《中國考試制度史資料選編》，黃山書社 1992 年版，第 582～583 頁。

入美國大學肄業者，均可報考。四是津貼生。爲已在美國大學本科二年級肄業之自費生，經申請審查後，給予年費津貼，每年津貼 50 名。

清華學校的招生考試分爲兩部分，一部分由各省考選，一部分在京城考試。這是因爲庚子賠款是由各省攤派的，每年取錄學生的名額便按照各省分擔的庚款比例分配。考試分爲初試和復試。梁實秋於民國四年（1915）參加直隸省的考試時，就曾由省長朱家寶親自復試。〔註 158〕考試十分重視英文，吳欽烈回憶自己參加 1911 年的公開考試時說，「英文爲考試成敗之樞紐。在該次考試中，除國文與本國史地外，各課試題之解答均須應用英文。其要求之苛刻，實較今日大學畢業生所受之留美考試爲甚。」〔註 159〕因此，開埠較早、受洋風薰染較多的東南省份錄取人數較多。如 1911 年考試後共錄取 100 名，其中江蘇 24 名、浙江 18 名、廣東 17 名，合計共 59 名，占到了 59%。如此重視英文，當然由其留美預備學校的性質所決定。但其內容與程度過高，與當時一般中學的教學程度相脫節，所以只有當時的經濟發達地區學校和教會學校的學生可以參加競爭，這對經濟落後、社會相對閉塞地區的考生難免有失公平。

（三）歸國留學生甄拔考試

民國成立後，清末實行的獎勵科名和實官的留學畢業生考試制度被取消。但在 1915 年 9 月，袁世凱在其大總統任期內，卻又仿照清末留學畢業生考試辦法，舉行了一次留學畢業生甄拔考試。北京政府對這次考試十分重視，吹噓爲「開國以來之曠典」〔註 160〕。實際上其規模、影響，並不及清末留學畢業生考試。

1914 年 9 月 17 日，袁世凱以大總統名義發佈申令，表達其「本求賢若渴之素懷，延攬英才」之意，召喚歸國留學畢業生，至政事堂報名參加留學畢

〔註 158〕梁實秋回憶說，他原籍浙江杭縣，本應到杭州應試，但其家居北京已久，嫌往返費事，於是「爲了取得法定的根據起見」，他父親「特赴京北大興縣署辦理入籍手續，得到准許備案」，梁的籍貫從此確定爲京北大興縣。當年直隸省分配名額爲 5 名，報名者 30 多人。梁實秋也算是較早的「高考移民」，只是其是否爲避開浙江更激烈的競爭而易籍已無從考證。參見梁實秋《秋室雜記》，傳記文學出版社。楊學爲等主編：《中國考試制度史資料選編》，黃山書社 1992 年版，第 625～626 頁。

〔註 159〕吳欽烈：《宣統三年投考清華高等科之回憶》。《留學教育》（三）第 1053～1056 頁。

〔註 160〕《政府公報》第 1071 號（1915 年 5 月 2 日）。《中國考試制度史資料選編》，黃山書社 1992 年版，第 627 頁。

業生甄拔考試。政事堂據此組成了留學畢業生甄拔考驗委員會，負責組織報名、審查考生資格，確定文憑分數（凡在西洋等大學及日本官立大學卒業之學士文憑 80 分，在日本官立大學選科、私立大學本科及官立高等專門卒業者 70 分，在日本官立專門及私立大學之專門部卒業者 60 分），再按考生所學科目分別命題，分場考試。

　　1915 年 2 月 22 日，如期舉行留學畢業生甄拔考試初試。報名准考的考生計 249 人，實際參加考試的僅 192 人。後經復試及兩次口試，於 3 月 19 日正式張榜揭曉，計錄取 151 人，落第者共 41 人。〔註 161〕總的來說，這次考試報名並不踴躍，更有人未考先退，參考率只有 77%，考試吸引力已大不如前。

　　按科別和等第統計，錄取的 151 人中，計有：法科甲等 6 名，乙等 9 名，丙等 28 名；文科甲等 5 名，乙等 3 名，丙等 2 名；理科超等 2 名，乙等 2 名；醫科甲等 2 名，乙等 1 名，丙等 1 名；農科超等 2 名，甲等 7 名，乙等 6 名，丙等 2 名；工科甲等 11 名，乙等 10 名，丙等 2 名；商科超等 3 名，甲等 9 名，乙等 17 名，丙等 9 名；礦科超等 1 名，甲等 4 名，乙等 4 名，丙等 3 名。分別授以上士、中士、少士、同少士等官秩。〔註 162〕

　　對考試及第的留學畢業生，由銓敘局根據《考驗及第留學生分部暫行辦法》分發使用或學習。其中，超等及第學生，分部以薦任文職或技術職盡先使用；甲等及第各生，分部學習，一年期滿後有成績者，以薦任文職或技術職任用；乙等及第各生，分部學習，二年期滿後有成績者，以薦任文職或技術職任用；丙等及第各生，分省學習，以薦、委任相當各職酌量任用。凡及第各生有已在各官署任職，不願另行分部、分省併辦事著有成績者，由各該長官盡先任用。其中超等、甲等、乙等及第畢業生，按照所學科目，分別被分發到外交、內務、財政、陸軍、司法、教育、農商、交通等八個部及審計院，以備任使。丙等及第畢業生，則根據各人請分省分，分別被分發至京兆、直隸、奉天、吉林、山東、河南、山西、江蘇、安徽、江西、福建、浙江、湖北、湖南、四川、貴州等十六個省。至省以後，再由各省長官按照所學科目，分配各機關練習，以裨實用。〔註 163〕

〔註 161〕參見舒新城：《近代中國留學史》，上海中華書局版，第 191、282 頁。
〔註 162〕《留學生甄拔考驗委員會示之二》，《政府公報》第 1029 號（1915 年 3 月 21 日）。
〔註 163〕《考試及第學生分發工作》，《政府公報》第 1071 號（1915 年 5 月）。

　　袁世凱舉行留學畢業生甄拔考試，除了籠絡人心、搜羅人才爲其服務等原因外，也是迫於某種無形的壓力。民國成立後，雖於 1913 年建立了文官考試法規和制度體系，但文官考試卻遲遲未能舉行。而民國以來陸續回國的大批留學生，儘管已沐過歐風美雨，卻仍視讀書做官爲正途。此種情形下，他們常感入官無路，「報國無門」，認爲新政府尚不如前清重視歸國留學生。爲使統治不致動搖，袁世凱不得不仿清末辦考，對合格留學生授以官職和出身，爲其洞開入官之門，使其感到有所歸宿。加上袁世凱一直陰謀復辟帝制，亦想藉此恢復清末的一些做法，爲自己登基稱帝製造輿論。因此，這次留學生甄拔考試，在考試、計分、覲見、授職、任用等方面，都有仿照清末留學畢業生考試的痕迹。當然，這些腐朽的封建氣息，連同留學畢業生甄拔考試本身，也都隨著袁世凱帝制之夢的破滅一併消失。南京國民政府也再未舉辦過此類考試。

二、南京國民政府時期的留學考試

　　以抗戰全面爆發爲界限，南京國民政府時期的留學教育可分爲前後兩個階段。1927～1937 年十年間，隨著國民政府的成立和統治走向穩定，留學教育得到較大發展，國家頒佈《國外留學規程》等法規，在對留學教育進行宏觀調控的同時，制定了公費留學人員的考選辦法，開展了數種公費留學考試，有效地選拔了一大批優秀人才出國深造，對此後中國科學技術和文化教育的發展，產生了深遠的影響。1938～1949 年間，在抗日戰爭和國內戰爭中，留學教育受到巨大衝擊，留學考試在戰火中艱難延續。

（一）留學考試的政策變化與特點

　　國民政府建立初期的留學管理和考試，有一個從放任到規範的過程。1933年之前的留學教育，可以說與北京政府時期沒有太大不同。1932 年，教育部長朱家驊在《九個月教育部整理全國教育之說明》中，提出留學教育應「符研究專門學術以改進本國文化之本旨」〔註 164〕，實際上是提出了新的留學政策指向。1933 年 4 月 29 日，教育部公佈《國外留學規程》，此後留學教育管理和考試才走上規範化軌道。

　　與 1916 年《選派留學外國學生規程》等民初的留學政策和留學考試規定相比，1933 年《規程》頒行後的留學教育和考試，有如下特點：

〔註 164〕參見王煥深：《留學教育》，臺灣國立編擇館，1980 年，第 1667 頁。轉引自劉曉琴：《中英庚款留學生研究》，《南開學報》2000 年第 5 期。

　　一是留學考試種類增加，規模逐漸擴大。1933 年前，公費留學考試沿襲了北京政府時期的管理，主要有部派省費留學生考試和庚款留美考試兩大類，考試規模較小。1933 年《規程》頒行後，留學教育和考試趨於規範化。1934 年，山東、湖南等八省舉辦了省費留學初試，錄取 47 人。其中安徽、江西、湖北、河南四省錄取的 26 人還參加了教育部同年舉行的復試。此後，每年各省省費留學只行初試，報教育部核准備案，未行復試即派出留學。與此同期，庚款留美考試和留英考試都自 1933 年起舉辦；中法教育基金會的留法公費考試於 1937 年起舉辦了三屆。這三種考試每年錄取約 50 人左右。抗戰後期及抗戰勝利後，參加公費、自費留學考試的人數，相對戰前呈劇增之勢。1943 年 12 月，教育部舉行第一屆自費留學生考試，報考者 800 人，實考者 751 人，科目達 56 個。1944 年，教育部舉行英美獎學金留學考試，分設重慶等七個考區，報考者達 1989 人，實考者 1824 人，錄取 209 人。1946 年，留學考試規模發展到最高峰。是年 7 月，第二屆自費留學考試與第一屆公費留學考試在九個考區同時舉行，報考自費生者 3817 人，實考 2774 人，錄取 1216人；報考公費生者 4463 人，實考 3296 人，錄取公費生 148 人。

　　這一時期還創設了自費留學考試制度。對自費留學，清末民初向無嚴格限制，南京國民政府成立後至抗戰前期，政府有關自費留學的法規，也只是對自費留學的資格進行規定。但抗戰後期，為鼓勵留學，對自費留學資格酌量放寬，但規定必須通過考試方可。政府於 1943 年、1947 年先後舉辦了兩屆自費留學考試，有力提高了自費留學生的素質與質量，引導了留學教育由數量增長向質量提高轉變。

　　二是留學資格有了提高。《規程》將留學教育的定位，提高到「派赴國外研究專門學術」的層次，對留學人員素質的要求明顯提高，也促使整個留學教育的生源質量有了保證。對公費留學考試報考資格，規定為：（1）國內外公立或已立案之私立專科以上學校畢業，並曾任與所習科有關之技術職務兩年以上者；（2）國內外公立或已立案之私立專科以上學校畢業後，曾繼續研究所習學科兩年以上，而有有價值之專門著作或其他成績者。〔註165〕這實際上將民初大學、專門學校畢業即可公費留學，改為須畢業後服務兩年或研究

〔註165〕《國外留學規程》（1933 年 4 月 29 日），《教育部公報》第 5 卷第 19、20 期。
　　　　楊學為等主編：《中國考試制度史資料選編》，黃山書社 1992 年版，第 789～
　　　　790 頁。

兩年以上方可。如此，既強調了大學畢業生應爲國家社會服務的義務，也對留學生素質提出更高要求，並與留學教育「派赴國外研究專門學術」的目的相適應，強調留學生的研究工作資歷和成績。自費留學資格，則爲專科以上學校畢業，或高級職業學校畢業並曾在國內任技術服務兩年以上者。這也較民初北京政府時期有了提高。

1937 年抗戰爆發後，爲抗戰建國、節省外匯，同時也爲避免所習科目不適合抗戰需要，留學政策被迫調整。在 1938 年 6 月教育部、財政部擬定的《限制留學暫行規定》中，將留學生資格提高爲：公、自費留學生資格，均須爲大學畢業後繼續研究服務兩年以上，或專科畢業後繼續研究服務四年以上。1939 年 4 月，國民政府頒佈《修正限制留學暫行辦法》，對公、自費留學的限制更爲嚴格，強調留學研習科目一律暫以軍、工、理、醫各科有關軍事國防爲限，留學生人數在整個抗戰期間大爲減少。

三是考試科目有所增加，注重外語水平和專門科目，並強調研究和服務的經歷與成績。清末以來，以公開考試方式選派公費留學生已形成傳統。1933年的《規程》貫徹公開考試、公平競爭的原則，規定各省市公費生須經各省市考試後，由教育部復試決定。各省市的公費生考試，每年舉行一次，時間設爲 4 月上中旬。分爲普通科目和專門科目兩類。普通科目爲黨義、國文、本國史地、留學國國語（作文、翻譯、會話），專門科目視所考各學科而定，但最少須考三種科目。教育部的復試時間設爲 7 月上中旬，考留學國國語（作文、翻譯、會話）和專門科目。專門科目由初試之專門科目中選考兩種。這與民初部派省費留學考試僅考國文、外國文，調驗著作和文憑相比，科目大大增多，考試難度也有提高，考試科目內容的覆蓋面也有很大擴充。庚款留美、留英等類留學考試的報考資格中，規定要求報考者具有服務和研究資歷，良好的研究和服務成績，對申請留學者的考察也更爲全面和深入。

四是強調地方派遣留學爲主，注重留學文理學科平衡。這一時期，國民政府確定公費留學以省費爲重心。1933 年《國外留學規程》在定義公費生時稱：「由各省市教育行政機關（以下簡稱省市）考取或由公共機關遴選派赴國外研究專門學術供給其研究期間全部費用者，爲公費生。」〔註 166〕強調公費留學由各省市根據需要選派，考選公費生的詳細章則亦由各地制訂，回

〔註 166〕《國外留學規程》（1933 年 4 月 29 日），《教育部公報》第 5 卷第 19、20 期。
　　　　　楊學爲等主編：《中國考試制度史資料選編》，黃山書社 1992 年版，第 789 頁。

國後先要回本省市服務。教育部負責復試，並注意選派時學科平衡等宏觀協調。《規程》規定，各省市考選派赴留學生時，應注重理、工、農、醫等專科。此前，教育部 1930 年提出的《改進全國教育方案中改進高等教育計劃》，已注意到這個問題，要求自費留學生每次屬於理、農、工（包括建築）、醫藥者至少應占全額的十分之七。〔註 167〕這些措施，與國內高校招生入學考試時對文理科比例進行調控的出發點是一致的。由於規定比較堅決和嚴格，所以調控也頗見實效，使中國留學教育中實科類學生的比例逐年上昇。據統計，1932 年度，實科與文科留學生比為 62.3：100；1933 年即改變為 106.2：100；1937 年則調整至 113.7：100；1938 年則根據抗戰需要，對留學科目予以限制，規定公、自費留學生研讀科目，一律以軍、工、理、醫等與軍事國防有關的科目為限。

　　不過，抗戰爆發後，公費留學生以省費省派為主的模式又有改變。1944 年，國民政府為加強戰時留學管理，規定所有公費留學生派遣一律由中央統一辦理，取消各省派遣權力。1947 年才又重作調整，改為中央統一下的省市參與制。〔註 168〕在留學科目方面，抗戰後期限制放寬，以培養抗戰建國人才為目標：「不論所習何種科目，均酌量予以扶植，並鼓勵之，惟以不降低留學生之程度。」〔註 169〕

（二）公費留學考試的規範與發展

　　這一時期，公費留學種類雖有增多，但由於戰爭影響，財政拮据，實際派出量並不太多，但各種留學考試管理趨向規範。例如，按 1933 年《規程》規定，省費留學生的初試科目考試成績，就改變了過去籠統以各科百分計算方式，對普通科目各科和專業科目各科所佔比重進行了規定：初試成績計算，以普通科目中之黨義、國文及本國史地共占總分的 25%，留學國國語占 25%，專門科目占 50%。〔註 170〕這就加大了外語和專業科目在整個初試中的權重，

〔註167〕《留學教育》（四），第 1662 頁。轉引自謝青、湯德用主編：《中國考試制度史》，黃山書社 1995 年版，第 664 頁。

〔註168〕參見王奇生主編：《中國考試通史》卷四（民國），首都師範大學出版社 2004 年版，第 366 頁。

〔註169〕王煥深：《留學教育》，臺灣國立編譯館，1980 年，第 1668 頁。轉引自劉曉琴：《中英庚款留學生研究》，《南開學報》2000 年第 5 期。

〔註170〕《國外留學規程》（1933 年 4 月 29 日）第十二條。普通科目中各科如何分配權重、外語中如何分配筆試和口試權重，各種留學考試又有不同的規定和做法。

凸顯了培養研究人才和保證留學生具有留學國語言能力，以提高學習效能的目標和取向。應該說，是更爲科學和規範了。

南京國民政府時期主要公費留學考試情況如下表（表 4-9）所示：

表 4-9　南京國民政府時期公費留學考試情況表

考試名稱	主辦單位	舉辦時間	錄取情況	備　註
省費留學生復試	教育部	1934 年	復試安徽、江西、湖北、河南四省初試錄取之 26 人。	另有山東、湖南、廣東、山西 4 省初試後未經復試派出21人。
清華大學留美公費考試	清華大學	1933～1943 年間，共 6 屆	第一屆（1933）錄取 25 人；第二屆（1934）20 人；第三屆（1935）30 人；第四屆（1936）18 人；第五屆（1940）16 人；第六屆（1943）22 人。六屆共 131 人。	
中英庚款留英公費考試	中英庚款董事會	1933～1944 年間，共 8 屆	第一屆（1933）錄取 9 人；第二屆（1934）22 人；第三屆（1935）24 人；第四屆（1936）20 人；第五屆（1937）25 人；第六屆（1938）20 人；第七屆（1939）23 人；第八屆（1944）30 人。八屆共 173 人。	第一至六屆應考人數分別是 192、289、262、324、293、338，錄取率分別爲 4.7%、9%、9.2%、6.2%、8.5% 和 5.9%。六屆平均錄取率爲 7.3%。第七、八屆應考人數不詳。
中法教育基金會留法公費考試	中法教育基金會	1937～1939 年	第一屆（1937）錄取 5 人；第二屆（1938）由大學選派 3 名；第三屆（1939），錄取人數不詳。	第二屆因抗戰無法考試，改由北平中法大學、上海復旦大學、西南聯大各派 1 人留法。
英美獎學金研究生實習生考試	英、美大學和公司提供獎學金，教育部舉辦	1944 年	錄取 209 人（英國研究生 65 人，實習生 69 人；美國工科研究生 41 人，美國農科研究生 20 人，中華農學會復試生 14 人）	報考者 1989 人，應考者 1824 人，錄取 209 人，錄取率爲 11.5%
教育部公	教育部	1946 年	錄取 148 人，分別派往法	報考 4298 人，應考

			國（40 名，系交換生）、英國（33 名）〔註 171〕、美國（33 名）、瑞士（19 名）、瑞典（6 名）、丹麥（6 名）、澳大利亞（2 名）、荷蘭（4 名）、加拿大（2 名）、意大利（3 名）。	者 3296 人，錄取 148 人，錄取率爲 4.5%
費留學考試				
教育部翻譯官留學考試	教育部	1947 年	錄取 98 人	
青年軍留學考試	軍事委員會青年軍復員管理處、教育部	1947 年	錄取 25 名	報考人數 165 人，錄取率爲 15%。與教育部公費留學考試同場考試。

資料來源：

　　1. 劉眞主編《留學教育》（四）；

　　2. 謝青、湯德用主編：《中國考試制度史》，黃山書社 1995 年版；

　　3. 《第二次中國教育年鑒》第六編，學術文化。

　　由上表可知，由於國民政府時期的公費留學考試是純粹的選拔性考試，加之戰爭影響，留學名額緊張，因而競爭異常激烈，尤以抗戰前和抗戰中的庚款留美留英考試爲最，抗戰後則以教育部公費留學考試爲烈。前者最低錄取率爲 4.7%，六屆之平均錄取率也不過 7.3%；後者則僅爲 4.5%。

　　激烈的競爭考試，使一批素質高、學習基礎好的留學生脫穎而出。從日後他們作出的成就看，應該說，這一時期的公費留學考試效度很高。在庚款留美、留英兩大公費考試中，湧現出了不少家喻戶曉的知名專家和學者，代表人物有「兩彈一星」功勳學者錢學森、趙九章、郭永懷、王大珩、彭恒武、屠守鍔，諾貝爾物理學獎獲得者楊振寧，美國科學院院士、「試管嬰兒之父」張民覺及應用數學大師林家翹，一代才子錢鍾書，國家科技最高獎獲得者黃昆，臺灣「經濟騰飛」功臣李國鼎，20 世紀中國考古學大師夏鼐，原美國人

〔註 171〕赴英的 33 名中，含中英文教基金董事會委託教育部考選的庚款留英生 17 名。有一些研究據此認爲這是中英庚款留英公費考試之第九屆。參見劉曉琴：《中英庚款留學生研究》，《南開學報》2000 年第 5 期；張亞群：《民國時期留學選拔考試的特色與啓示》，《湖北招生考試》（理論版）2003 年 4 月號。本研究根據主辦者的不同劃分，庚款留英考試列爲八屆。

類學會會長許烺光，中國概率統計學奠基人許寶騄，國際葉輪機三元流動理論創立者吳仲華，測量學大師夏堅白、王之卓，世界知名歷史學家何炳棣，中國「三大英語權威」之一王佐良，中國胸外科奠基人黃家駟，國際法大師王鐵崖、韓德培，著名力學家錢偉長，水利學家張光斗，著名地球物理學家翁文波，化學家盧嘉錫，植物學家章文才，著名生物化學家王應睞、鄒承魯等。毫無疑問，兩項庚款留學選派的是當時中國最優秀的大學畢業生。據不完全統計，考取庚款留美、留英人數最多的四所大學為清華大學、中央大學、交通大學和金陵大學。其中清華大學留美、留英兩項均為第一，中央大學、交通大學則分別奪得留英和留美次席。

三、自費留學考試的創辦

南京政府時期對自費留學由放任到管束，主要體現在兩個方面，一是提高留學資格，二是創立自費留學考試。留學資格經歷兩次提高：1929 年公佈《修正發給留學證書規程》，規定自費生的留學資格為：高級中學以上學校畢業或中學畢業並辦理教育事業二年以上。〔註 172〕與北京政府時期相比，以中學畢業資格留學者要求教育工作履歷；1933 年頒佈的《規程》則將資格提高到專科以上學校畢業或高級職業學校畢業並曾任技術職務二年以上。當然，仍低於公費留學資格。考試方面，1943 年前均無規定自費留學須考試，至 1943 年教育部頒佈《國外留學自費生派遣辦法》，始要求凡志願出國留學的自費生，均須經過考試及格，才能領取留學證書，獲得出國留學資格。教育部於 1943 年 12 月、1946 年 7 月先後兩次舉辦自費留學考試。這種考試在中國留學史和中國考試史上均屬創舉，因此有人說「此在留學教育史上，是一件劃朝代的大事。」〔註 173〕1949 年後中國大陸也未曾舉辦過此種考試。具體考試情形如下表（表 4-10）所示：

〔註 172〕楊學為等主編：《中國考試制度史資料選編》，黃山書社 1992 年版，第 785 頁。

〔註 173〕陳東原：《第一屆自費留學生考試之經過》（1944 年）。中國第二歷史檔案館藏：國民政府教育部檔案，全宗號五，案卷號 15322。

表4-10　第一、二屆自費留學生考試統計表

屆次	時間	考試科目 普通科目	考試科目 專門科目	考試科目 口試	報考人數	實考人數	考試、錄取人數及分佈 實科類 工科	理科	農科	醫科	文科類 文科	商科	法科	教育與藝術	其他	合計	留學國去向
第一屆	1943年12月	1. 三民主義及本國史地 2. 國文 3. 外國文	依所習學門擇一或兩種。	注重儀表生思想及思想	800	751	108	30	15	7	28	74	55	10		327	全部赴美
第二屆	1946年7月	1. 三民主義及本國史地 2. 國文 3. 留學國語文(可以英文代之)	按應考學門考2種。		3817	2774	264	88	40	87	140	295	145	43	114	1216	美國1018人 法國57人 瑞士32人 英國30人 加拿大11人 瑞典5人 比利時4人 荷蘭3人 澳大利亞2人 墨西哥1人 (註174)

（註174）由於第二屆自費留學考試和公費留學考試同時舉行，參加公費生考試考生眾多，其參加公費考試落選而成績合乎自費錄取標準（外國語25分，總成績35分）的718人，教育部准予取得參加自費留學考試之資格。這樣第二屆自費考試實際錄取學生總數為1934人。因而出國者中也可能包含這批人員。參見《留學教育》（四），第2138～2152頁。

資源來源：

1. 劉眞主編《留學教育》（四）；
2. 謝青、湯德用主編：《中國考試制度史》，黃山書社，1995 年；
3. 陳東原：《第一屆自費留學生考試之經過》（1944 年），第二歷史檔案館藏：國民政府教育部檔案，全宗號五，案卷號 15322。

　　需要說明的是，第一、二屆自費留學考試科目成績的計算方法有所變化。兩屆均以百分制計分。第一屆的三民主義及本國史地，占總成績的 20%，國文占 20%，外國文及專門科目各占 25%，口試成績占 10%。第二屆作了調整，普通科目占 50%（三民主義及本國史地共占 20%，外國語占 30%），專門科目占 50%（兩種科目各占 25%）。顯然，專門科目的權重加大了。

　　與公費生相比，兩屆自費生考試錄取率都高得多，第一屆錄取 327 人，占應考者的 43.5%，第二屆錄取 1216 人，占應考者的 43.8 人%。

　　時任教育部簡任督學併兼任自費留學考試委員會秘書的陳東原總結說，自費留學，素甚自由，只須有錢。如此下去「高深之教育資格，惟資產階級子弟可以獲得。長此以往，即非事理之平，亦非國家社會之福」。因此，「今自費留學，亦須考試，將使多金而學力不夠者，只能望洋興歎。同時各公私機關，及各省政府，聞教育部舉行留學考試，近已有設置獎助金鼓勵其職員應考深造者。從此清貧子弟，不致長此屈才，留學風氣，爲之一變」。從陳氏所言看來，自費留學考試除了把關的功能外，首先起到了獎學勵才、改變風氣之作用。其次，舉辦自費考試後，告知準備自費出國者，必須有充分之準備；經過考試者，「將來出國之後，學習能力必較從前之無考試者爲優。對於個人深造之時間精力，俱有裨益。而國家社會，亦不感覺浪費」〔註 175〕。由於陳氏的身份，這兩個作用，其實也可以理解爲政府舉辦自費留學考試的出發點。

〔註175〕參見陳東原：《第一屆自費留學生考試之經過》（1944 年）。中國第二歷史檔案館藏：國民政府教育部檔案，全宗號五，案卷號 15322。

第五章 民國考試制度轉型和重構的特徵與啓示

　　從 20 世紀初民國建立近代文官體制和教育制度，到 20 世紀中葉文官考試和教育考試兩大考試系統初步形成，中國考試制度在民國時期歷經近四十年的轉型和重構。如同發端較遲、充滿坎坷的中國近代化歷程一樣，這一時期的考試制度，爲適應近代中國經濟、政治、文化發展和人才培養與選拔的需要，在考試觀念、考試標準、考試內容與方式方法、考試管理體制等方面進行了一系列變革，展開了一系列探索，實現了選官考試與教育考試的兩分，逐步由單一的封建主義選官考試向多樣化的社會選拔考試轉變。反思民國考試制度轉型的原因與動力，研究其制度重構過程中的困難與結果，探索其特徵與規律，總結其發展過程的經驗與教訓，可以得出有助於認識考試與社會發展的諸多啓示，從而眞正推動完成中國考試制度從傳統向現代的全面轉型，實現中國考試文化的當代轉換與創新發展。

第一節 民國考試制度轉型的社會因素

　　中華民國的建立，結束了封建專制的皇權政制。但它的意義，不僅僅在於改朝換代，還在於思想和觀念的更新，在於社會的改造和發展，在於經濟發展在艱難的困境中重獲生機，在於人權、民主和法制的初步凸現。它使一切依附於封建政體的思想文化、意識形態失去了載體，爲中國傳統考試的改革和民國考試體系的構建奠定了思想基礎。而實業的發展、科技進步和民初經濟的復興，以及教育的近代化，構成了民國考試轉型與重構的社會動因，同時，也爲考試的改革與發展創造了客觀條件。

一、民初社會經濟轉型對人才選拔機制的呼喚

1840 年鴉片戰爭以後，西方資本主義的入侵引發了中國近代社會轉型。西方列強的入侵在衝擊中國傳統政治結構的同時，也開始打破中國傳統經濟結構。傳統的耕織結合的小農經濟，面對外國資本主義商品入侵和出口貿易需求的刺激，開始瓦解，農產品商品化的進程則開始並加快。在被炮艦打開的通商口岸城市，以執行流通資本職能並與產業資本聯繫爲專務的新型商業已經出現，傳統商業出現了向資本主義商業轉化的迹象。隨著洋務運動的啓動與推進，中國資本主義機器工業也陸續出現並發展起來。

19 世紀後半期，中國社會經濟結構出現了重要的轉換迹象。到 1894 年，中國大約有了 216 個機器礦廠和小輪公司，其中官辦軍事企業 19 個，資本 5000 萬餘兩；官辦或官督商辦、官商合辦的民間企業 27 個，資本 879 萬兩；總共大約有 9 萬至 10 萬名工人。近代中國「投資設廠」熱潮（即引進西方先進技術和採用工廠制度）初步形成。誠如有學者指出：「這一小小的舉措所引發的一連串驚世駭俗的歷史後果，往往是始作俑者所始料未及的。它直接將西方工業文明之『體』移植於『千年不變』的農業宗法社會，造成與小農經濟截然對立的另一種經濟基礎，觸發了現代社會結構的『形變之鏈』。」〔註 1〕19 世紀末 20 世紀初，中國資本主義工商業有了較快的增長。據杜恂誠統計，從 1902 年到 1911 年的 10 年中，中國歷年所設創辦資本在 1 萬元以上的工礦企業總共約 642 家，創辦資本額總計約 138482 千元；從 1912 年至 1921 年的 10 年中，中國歷年所創辦的資本在 1 萬元以上的工礦企業總共約 1232 家，創辦資本額總計約 301717 千元；除 1911〜1913 年和 1916 年所設民用工礦企業的家數和資本額略有下降外，自 1904〜1921 年歷年所設民用工礦企業家數和資本額一直處於穩步增長趨勢。〔註 2〕雖說民初中國從總體上講仍然是農業佔據主導地位，但資本主義工商業的發展卻爲社會整體轉型、發展提供了原動力，並且隨著經濟結構的由緩到急的變化，中國社會其他結構也或多或少地發生轉換、變革。其中，城市化的啓動，帶來城市人口增加、人群流量和流向變化和新職業的產生。爲了適應這種變化，人口流動的流量增加，流向多元。社會階層分化加快，其帶來的職業擴展和新職業產

〔註 1〕 參見馬敏：《有關中國近代社會轉型的幾點思考》，《馬敏自選集》，華中理工大學出版社 1999 年版，第 35 頁。

〔註 2〕 參見杜恂誠：《民族資本主義與舊中國政府》，上海社會科學院出版社 1991 年版，第 31 頁、107 頁。

生，又反過來促進了人口流動的加快。

1840 年以後，中國傳統城市模式也發生了變化，通商口岸的開闢和工廠企業的建立發展，使一部分城市迅速成爲中外貿易的樞紐和集散中心，同時也出現了因工而興、因礦而興或因路而興的城市。在這些城市裏，新的經濟組織如銀行、工廠、輪船公司、電報公司，新的文化教育組織如報刊、學校、出版單位等也先後出現。城市人口的增加，使城市逐步成爲人口聚集地和經濟文化教育的中心。

民初社會經濟、技術、產業、職業結構的發展與變化，社會經濟發展和城市化進程，既對政治體制改革提出了要求，又對社會人才的數量、種類、規格和質量提出了新的要求。科舉廢除後，官員的選拔處於無序狀態，亟需新的文官選拔制度使之重歸有序；社會發展需要大量能夠適應這些新產業、新技術、新職業的管理人員和操作人員，也催生著接受新式教育、掌握新技能的人才；而尚在初創之時的新式教育，同樣迫切需要建立與之相適應的教育考試體系，以用來規劃和調節人才分類，整齊教育程度，督導人才培養。

二、民初的「國家危機」亟需恢復文官政治

誠如有學者指出：「辛亥革命前後，中國一直處在一種『國家危機』或『權威危機』（authority crisis）之中，不論是改革派還是革命派一直都在努力探索一種新的國家形式。」〔註 3〕辛亥革命及民國的建立，意味著傳統集權官僚體制的崩潰，但這卻並不標誌新型現代國家體制的業已建立。民國實質上是一個「軍紳政權」〔註 4〕。新的中央政府仍徒具形式，在「共和」的招牌下，國家實際陷入軍閥割據和長期分裂狀態，長期的政治衰退導致現代化難以走上正軌。結束「黷武主義」，回歸文官政治，實行「文治主義」，既是建立現代國家的需要，也是對中國文官統治傳統的理性回歸。

廢除科舉、建立民國後，「中國政治失去了方向」，「中央政權在沒有明顯後繼人的情況下垮臺了，各省軍閥對峙隨之一鬨而起，地方政府既無法取代在官精英，也無法使在野精英出來支持它，農村的領導權落到了更加自私的團體手裏，這些自私集團無法駕馭家族和秘密會社的強大分裂勢

〔註 3〕參見馬敏：《有關中國近代社會轉型的幾點思考》，載《馬敏自選集》，華中理工大學出版社 1999 年版，第 47 頁。

〔註 4〕參見〔加〕陳志讓：《軍紳政權——近代中國的軍閥時期》，三聯書店 1980 年版。

力」。〔註5〕羅茲曼等人在論述科舉廢除對中國社會影響時，之所以認爲它「具有特別重要的意義」，是因爲論者從未把科舉僅作爲一個教育考試制度，或者是僅作爲一種官員選拔制度，而是將其視作中國封建社會生存發展的一種機制。反觀清末民初國家集權的衰落和市民社會的生長，文官政治和軍閥統治間的弛張變化，考試制度在其中的作用與表現是耐人尋味的。

中國的文官政治傳統源遠流長。錢穆認爲，自漢代始，中國歷史上的政府，「既非貴族政府，也非軍人政府，又非商人政府，而是一個『崇尚文治的政府』，即士人政府。」〔註6〕科舉時代，「馬上得天下」者，均不肯「馬上治天下」，文治傳統往往使軍人秉政頗受詬病，文武疆界分明。這其中，科舉銓選文官的功能是功不可沒的。而清末廢科舉時，人們忽略了它對文官統治的維繫功能，客觀上爲軍人參政、執政打開了方便之門。據統計，1914年，全國22個行省的都督職位，有15個被軍閥佔據，以「士紳」身份登進者，僅有5人；1917年全國各省的民政長官省長，也大多由軍閥出身的督軍兼任。〔註7〕在中央政權的人員構成中，軍閥也佔據絕對統治地位，美國學者派耶（Lucian W. Pye）在對軍閥統治時期內閣成員的身份及教育背景等進行研究後得出結論說：「在一段時間內，曾經受過軍事訓練或者有過軍事經歷的人攫取了除司法和財政之外的所有內閣職務。」〔註8〕知識分子的地位低落，降到歷史上的一個新的低點：「大抵這個時候知識分子的社會定位，就政治方面而言，不過僅僅是評論家而已」。其實即使是評論家也並不能安全地做下去，「許多人只好放棄經世目標，苟活於世」。〔註9〕

文治廢弛，武人秉政，自然奉行黷武主義和鐵血政策，使公理公法受到蔑視乃至踐踏，政局動蕩不已。民初雖仿傚西方設置內閣，建立了諸如立法、司法、行政等各類政府機構，但卻難以正常運作，軍人「干政」或者利用軍人干政頻頻發生。據學者統計，民初內閣從唐紹儀任總理時開始，到1927年

〔註5〕吉爾伯特·羅茲曼主編：《中國的現代化》，江蘇人民出版社2003年版，第435頁。

〔註6〕錢穆：《中國歷代政治得失》，三聯書店2001年版，第16頁。

〔註7〕章開沅、羅福惠：《比較中的審視：中國早期現代化研究》，浙江人民出版社1993年版，第729頁。

〔註8〕轉引自楊天宏：《中國的近代轉型與傳統制約》，貴州人民出版社2000年版，第134頁。

〔註9〕楊天宏：《中國的近代轉型與傳統制約》，貴州人民出版社2000年版，第127頁。

潘復的內閣，15 年間，走馬燈似地更換了 46 屆，平均每屆任期不到 4 個月。
〔註 10〕內閣的更迭，每以軍閥的意志爲轉移。誠如陳志讓所指出：「在 1912
年以後，軍人的勢力壯大，中國的行政機構從上到下，都變成了軍人領導紳
士的政權。北京的總統、總理、國務院、國會受軍人操縱；各地方的縣長、
鄉長也受軍人的操縱。」〔註 11〕中央和地方行政機構更迭頻繁，使政策制定
和實施都缺乏必要的連續性。科舉被廢，由於新的選拔人才的制度化保障尚
未建立，往往是各級官吏隨著政黨競爭的勝負和政府換屆而進退，官員的榮
辱隨其所追隨者的變化而變化。這樣造成了官吏的苟且之心和行政的中斷與
低效。所以孫中山早在 1918 年 5 月 4 日向非常國會辭大元帥電中就敏銳地指
出：「吾國之大患，莫大於武人之爭雄。南與北如一丘之貉。」消除這一大患
的出路，是恢復文官政治。孫中山對此亦有清楚的認識，他所主張的五權政
府，可以說既是對中國傳統政治思想的繼承，也是對民初政權流弊的一個反
撥，反映了國人對「文治」的嚮往與追求，是在新的政治基礎上肯定科舉制
度所維繫的文官政治。

亨廷頓曾從制度背景和社會背景的角度，論述了革命發生的原因：「第
一，政治制度沒有能力爲新的社會勢力參與政治以及新精英進入權力層提供
渠道；第二，迄今被排除在政治之外的社會勢力渴望參與政治。」〔註 12〕這
可以用來解釋民初建立文官考試制度的迫切性。也就是說，如果在有著文治
傳統的中國一味由軍人長期秉政，現存政治制度基礎狹窄、功能僵硬，排斥、
壓抑和拒絕軍人集團以外的社會精英參與，變革的要求和行動就會逐漸擴張
和積累，最終迫使社會精英另尋他途，要求建立新的制度。這勢必造成統治
根基的動搖。

其實，民初有限的文官考試實踐也印證著國人對文治的呼喚。1914～1915
年，袁世凱在政治統治基礎基本穩定之後，曾舉辦過四次「縣知事試驗」，四
場考試共錄取 3000 餘名考生。但爲此事參與競爭者，據《中華民國史》的統
計，多達 4 萬餘人。〔註 13〕袁世凱舉行這幾場考試，雖是出於維護統治和中

〔註 10〕楊天宏：《中國的近代轉型與傳統制約》，貴州人民出版社 2000 年版，第 165 頁。
〔註 11〕〔加〕陳志讓：《軍紳政權——近代中國的軍閥時期》，三聯書店 1980 年版，
　　　　第 4 頁。
〔註 12〕亨廷頓：《變革社會中的政治秩序》，華夏出版社 1988 年版，第 268 頁。
〔註 13〕李新等主編：《中華民國史》第 2 編第 1 卷，上冊，中華書局 1987 年版，第
　　　　520 頁。

央集權的需要，但能夠吸引眾多的士人參與，不能不說它從一個側面折射出了傳統文官政治的餘輝，也反映出國人民心的向背。

三、近代城市變革與職業發展要求重建社會分流機制

鴉片戰爭後，中國的城市格局與體系發生了很大的變化。近代以來由不平等條約體系所推動的中國城市的開放，一方面使中國城市殖民地化或半殖民地化；另一方面，也促使中國出現了新型城市——開埠通商城市，並成為中國與世界經濟發生聯繫的窗口。尤其是沿江沿海的開埠通商城市，如上海、天津、廣州、武漢、重慶等，憑藉得天獨厚的區位優勢，成為外國商品輸入、中國原料與商品輸出的基地。這些城市，在 19 世紀最後幾年和 20 世紀最初幾年，進入了迅速發展時期，城市人口（主要是通商口岸）以 3.5%~9.8% 的年增長率增長，大大超過了 0.4~0.5 的人口年增長率。〔註14〕上海人口從 1882 年的 60 萬，迅速增至 1910 年的 129 萬人，僅三十年即翻一番，成為中國人口最多的城市。天津人口從 1900 年的 40 萬，增加到 1910 年的 60 萬，增加了 50%。即使是一些中等城，人口也呈猛增之勢，寧波 1855 年僅 21.4 萬人，到 1912 年已增至 65 萬人，年遞增率為 3.56%；杭州 1884 年僅有 25.3 萬人，1911 年增至 68 萬人，年遞增率為 6.22%，重慶 1850 年為 9.8 萬人，至 1910 年已達 25 萬人。〔註15〕

近代以來，隨著城市的逐步發展，城市人口增幅明顯。全國城鎮人口，從 1843 年的 2070 萬人，增至 1893 年的 2350 萬人，從占總人口的 5.1% 上升至 6.6%。〔註16〕在這一過程中，人口的社會構成也發生著顯著的變化。城市人口構成中，工商業人口的比重顯著增加，並且出現了城市工商業者中資產階級社會組織形式——商會。據統計，近代天津、廣州兩市的商戶約占總戶數的 1/3，漢口達 3/4 強。無錫全縣的 90 萬人口中，工商業人口達 32 萬，占到全部人口的 35.4%。〔註17〕城市工商業者在城鎮人口中比重的顯著增長，體現了城市經濟內容、社會關係的發展與變遷。正是近代工商業的發展，促進了城市人口的增加，也改變了人口的職業構成。

〔註14〕〔美〕周錫瑞：《改良與革命——辛亥革命在西湖》，中華書局 1982 年版，第 144 頁。

〔註15〕隗瀛濤主編：《近代重慶城市史》，四川大學出版社 1991 年版，第 397 頁。

〔註16〕胡煥庸等：《中國人口地理》上冊，華東師範大學出版社 1986 年版，第 261 頁。

〔註17〕朱英主編：《辛亥革命與近代中國社會變遷》，華中師範大學出版社 2001 年版，第 550 頁。

　　近代中國，商業資本主義先於工業資本主義而出現。它是在西方資本主義商品輸入和中外貿易發展的條件下，以專門行使流通資本職能並與產業資本相聯繫的新型商業。近代商業的最大特點是行業性和專業性分工強。最早形成的是洋布業，其次是五金業、百貨業、西藥業、染料業、交電、化工、經營出口貿易的茶商、絲商等，在每個行業內部，又形成批發與零售的分工。從生產關係上看，新式商業多採用資本主義雇傭制，而不似舊式商業中的幫工對店主、學徒對師傅的人生依附關係較重。〔註18〕新的行業誕生了新職業，而新職業從誕生起，就有著獨立的特性。尤其是民國成立後，工商業發展，大量社會資金向城市集聚，城市第三產業發展很快，眾多新職業在城市社會裏出現。城市社會的職業配置，由原來很少的行政、手工業、商業門類中諸如官職、教職、手工製作、傳統商業等簡單固定職位，向新興商業、翻譯、新聞、海員、司機、新式醫生等眾多職業方向發展。學習新知識，適應新職業的要求，成爲市民日常生活的重要內容。

　　城市職業結構的變化直接影響市民的交往，影響市民日常生活主題。傳統的市民交往，主要圍繞禮法和血緣、地緣、業緣構築人際社會情感關係網，市民交往方式具有明顯的社會庇護性，並且突出家族或宗族的功利性。這種交往的格局非常封閉狹小。親緣關係不外家族、宗族，地緣關係不外同鄉、鄰里，業緣關係不過同業、師徒而已。而辛亥革命後，市民的人際交往由狹小的範圍走向更爲廣闊的社會生活領域。新式工商業時常跨行業、跨地區甚至跨越國界開展，傳統的血緣、地緣、業緣圈子很快被突破；資本主義雇傭關係逐步替代傳統的人身依附關係，使傳統城市社會中嚴明的社會分層、森嚴的長幼尊卑和等級觀，均受到極大挑戰。而交通、電訊以及新的城市公共設施的出現，爲市民人際交往提供了更多的場地和條件，市民互動率大大增加，「這種社會的自由流動和極大開放，使城市市民的交往方式發展到政治、經濟、文化、娛樂、愛好等廣泛領域，而且更多地依賴於社會公共場所和團體組織。」〔註19〕

　　民初呈現出的這種社會流動和社會分工的加劇，反映了當時社會發展的客觀需求。而及時引導社會分工，化解和調整流動者主觀目標與實現目標能

〔註18〕參見嚴昌洪：《中國近代社會轉型與商事習慣變遷》，《天津社會科學》1998
　　　　年第 2 期，第 97 頁。
〔註19〕朱英主編：《辛亥革命與近代中國社會變遷》，華中師範大學出版社 2001 年版，
　　　　第 591 頁。

力間的不對應、個體發展需求與社會整體發展需求的差異等等，也是社會發展和人的發展的客觀需求。「在現代社會以及在由傳統社會向現代社會轉型的過程中，由於經濟的迅速發展以及產業結構的不斷升級換代，新的職業類型大量出現，這就使得向社會上層的流動量同以往相比是在不斷增加的。顯然，在這樣的情況下，使社會階層之間保持著一種相互開放和平等進入的公正狀態，既符合歷史發展的趨勢，也有助於促成有益的社會流動。所以，一個社會應當通過必要的制度安排和政策制定，來保證社會階層之間開放和平等進入的狀況。」〔註20〕

歷史經驗證明，科學規範的考試制度，正是這種「必要的制度安排」。它可以按社會需求和現代教育培養目標體系劃分人才類別，及時制訂和調節行業人才供求標準，對流動個體的身心素質水平進行檢測，促使需求與供給有機結合；通過發揮考試的分流作用，對流動個體進行引導，同時促進教育系統及時調整培養標準，緩解因育才滯後或超前與社會對人才實際需求的矛盾，促使人才供求標準的動態平衡。

四、教育發展和知識階層自我實現的需求

清末科舉被廢時，時人基本只考慮其教育功用並試圖加以彌補，遠未認識到：「如果當時中國的確存在劃時代的體制變動，科舉制的廢除可以說是最重要的變動之一。」〔註21〕它帶來的知識階層上昇性社會變動渠道受阻，即便是清末民初在教育上的改良發展，也無法修補，更無力維持「士」在中國社會中的重心地位。「士的逐漸消失和知識分子社群的出現是中國近代社會區別於傳統社會的最主要特徵之一。」〔註22〕那麼，新崛起的知識分子群體在民國時期又佔據著什麼樣的社會地位，他們與考試發展的關係又如何呢？

維繫士人精神和社會地位的科舉制度被廢除後，傳統士紳階層隨之瓦解，蛻變成新的知識群體，「他們雖然因為知識而保留了文化權力中最基本的權力，即以個人的行為方式和道德操守為民眾確立示範，對民眾行為產生濡化的作用；但作為一個群體，他們被剝奪了國家賦予的政治經濟特權，同時

〔註20〕 吳忠民：《形成社會階層之間的良性互動：社會分層中的公正規則研究》，《新華文摘》2005年第10期。

〔註21〕 羅志田：《權勢轉移：近代中國的思想、社會與學術》，湖北人民出版社1999年版，第192頁。

〔註22〕 羅志田：《權勢轉移：近代中國的思想、社會與學術》，湖北人民出版社1999年版，第193頁。

也被剝奪了因壟斷道德而對地方社會事務進行解釋的文化權力。」〔註 23〕而十九世紀後期以來，同文館等近代學堂和學校的建立，出洋留學生的大批湧現，不斷產生出從傳統社會結構中游離出來的、從事自由職業的知識分子。「20世紀初的中國知識分子群體，大體上由四部分人組成。他們分別是接受過舊式教育，通過再學習而轉化，投身新式文化事業的士人，從外國教會在華開辦的學校畢業的學生，從中國人自辦的新式學堂畢業的學生，以及曾在國外留學的學生。」〔註 24〕

「清末 10 年間，是中國學生形成群體，並對社會的變動發展日益產生巨大影響的開端。」〔註 25〕1905 年廢科舉後，清政府推廣新式教育，各省除先後成立了新式大學、中學、高小、初小等普通學校外，還興辦了若干師範、語言、工藝、軍事、法政和實業學堂；實業學堂在農、工、商之下又分出許多專科。新式學堂學生人數在 1902 年為 6912 人，到 1909 年則達到了 163884人，1912 年為 2933387 人。加上未計算在內的教會學堂、軍事學堂，日、德等國所辦教會學堂以及未經申報的公私立學堂學生，總數已超過 300 萬人。學生群的布局與內在結構也漸趨合理。1895 年以前，學堂僅分佈於沿海 7 省；1899 年擴展到包括雲、貴、川、陝等內陸地區的 17 個省。20 世紀以後，蒙、藏、新疆等邊遠地區也紛紛創辦學堂，新式教育覆蓋全國。並且，女子教育衝破官方阻撓而頑強發展，到 1909 年全國共有在校女生 78376 人。〔註 26〕龐大的學生群體不僅消化了百萬正途士人中的相當部分，而且溶解了絕大部分作為士群后備軍存在的、總數在 300 萬的童生，使這箇舊群體很快解體消亡。新興學生群體已儼然有別於傳統「四民」之首的「士」，不再是進而為官、退則為紳，完全依附於統治者的群體，而是具備了相對獨立的地位。「與晚清帝國分化離解的社會景象相反，或者說正是因於這一分化離解的社會過程，新興知識階層的集團化傾向和組織程度在不斷增加」。〔註 27〕學生團體的出現及其活動，進一步加劇了社會結構的變動，政治局勢、思想潮流、社會風尚，

〔註 23〕徐茂明：《江南士紳與江南社會（1368～1911 年）》，商務印書館 2004 年版，第 332 頁。

〔註 24〕羅福惠：《辛亥時期的精英文化研究》，華中師範大學出版社 2001 年版，第 8頁。

〔註 25〕桑兵：《晚清學堂學生與社會變遷》，學林出版社 1995 年版，第 19 頁。

〔註 26〕桑兵：《晚清學堂學生與社會變遷》，學林出版社 1995 年版，第 2～3 頁。

〔註 27〕許紀霖、陳達凱主編：《中國現代化史》第 1 卷，上海三聯出版社 1995 年版，第 245 頁。

都處於更加普遍頻繁的動盪變化之中。他們聚集在城市，利用都市省垣的中高等學生對城鎮學生的凝聚力和輻射力，通過學堂、軍隊、報館或社團釋放出巨大的能量，鼓吹民主、民族主義，啓迪民智，振奮人心，力求重塑中國嶄新的精神和靈魂。這個影響巨大的新知識階層，從獨立開展社會活動之日起，就與民主化進程結下了不解之緣，在他們中間，產生了中國近代眾多的社會精英，「五四新文化運動的旗手主將乃至整個近代史的偉人名流，大多是辛亥時期學生或留學生」。〔註28〕他們構成了近代中國民主化進程的天然媒介和動力。

　　眾所周知，20 世紀的中國進入了一個劇烈的歷史變動的時代。蕭功秦認為 20 世紀初期是產生思想家的時代。他在分析當時的時代困惑時寫道：「民族的危機的壓力，舊文化的權威的瓦解，舊的人文秩序的解體，構成了二十世紀初期中國面對的基本困境。一方面，舊制度對人性的壓抑，使新一代的人們開始產生對自由民主的強烈需要，另一方面，舊秩序的崩潰以及由此出現的無序狀態，又使人們生活於一個沒有安全感與穩定感的環境之中，這又會使人們感受到建立一種秩序的重要性，但這種秩序如何建立，這種秩序如何在保持穩定的同時，又能滿足人們對進步與自由的需要？一個社會在什麼體制下，才能保證進步與繁榮？……這些都是千百年來中國人從來沒有感受到的問題。」〔註29〕

　　在這樣一個困惑、艱難的時代，崛起的知識群體執著於尋找與選擇。他們既要尋找到富國強民的政治道路、政治制度，又要為自己投身其中尋找適宜的渠道與舞臺；他們為解決中國生存危機而激發了思想運動和學生運動，同時也不得不選擇自認為合適的辦法來應付自己面對的生存危機。就考試制度來說，由於科舉被廢，知識階層向上流動的法定渠道被阻斷，國家凝聚力減失，因而迫切需要重建社會層級流動的渠道，這本身也是知識群體自身的衝動與追求。在選擇的過程中，以考試作為上昇的臺階，是最為公平的，也是千百年來最為人們認可的。所以南京國民政府高等考試開考時，能夠立即再現「掄才大典」的「盛況」，也就是再自然不過的事情了。

〔註28〕桑兵：《晚清學堂學生與社會變遷》，學林出版社 1995 年版，第 19 頁。
〔註29〕蕭功秦：《與政治浪漫主義告別》，湖北教育出版社 2001 年版，第 411 頁。

第二節　民國考試制度轉型的內在動因

　　考試活動在自身的發展演變中，往往呈現出獨特的規律。一種考試制度是否具有長久的生命力，關鍵取決於三點：一是社會是否需求；二是有無文化傳統的根基和適宜實施的社會環境；三是能否主動適應不斷變化發展的社會功能需求。在討論民國考試制度轉型與重構的歷史條件時，既要看到其面臨的社會、經濟、政治和文化環境，也要關注其生存和發展的內在因素。民國考試制度建立和發展的近四十年，正是近代廢除科舉後考試思想第一個空前活躍時期。就民國考試制度轉型的內在因素而言，深受西方文官考試思想和教育考試理論影響的先進考試觀念是其先導；考試內容和考試方式、方法的變革，爲其主體內容。而這些因素之所以能夠產生作用，正是因爲有濃厚的考試文化傳統作爲基礎。可以說，民國時期中國考試制度的轉型與重構，其實質也可視爲中國傳統考試文化的近代轉換。

一、傳統考試文化和民族戀考心理的潛在影響

　　一個民族長期形成的生存條件和民族的觀念形態文化，在作爲社會人的心理中不斷地內化、凝結、沉澱，就形成一個民族共同的文化心理。它在文化系統中居於深層次的、基礎的地位，對文化的繼承和發展起著重要的作用，並對社會政治、經濟、教育的發展產生深刻影響。

　　文化是在地理環境、經濟土壤、社會制度等自然、社會因素形成的「文化生態環境」中產生和發展的〔註30〕。這些生態環境構成因素，彼此不斷通過人類的社會實踐進行物質的及能量的交換，構成一個渾然的整體。同時，它們又分別通過複雜的渠道，經由種種介質對觀念世界施加影響。另一方面，文化對作用於它的「文化生態環境，又有著能動的反作用。這種反作用，不是對經濟、政治直接的映象，而是人類在一定「文化生態環境」下充分發揮自身主體意識創造的產物，有著自身發展的歷史繼承性和發揮作用的相對獨立性。特別是作爲文化核心層面的文化心理，由於它們潛藏在多種文化事實背後，積澱在人們的心靈深處，與社會物質生產和社會制度之間的關係比較間接，與時代的變遷並不一定能形成直接、迅速的對應性效應，其歷時悠遠而難以衰減的強大歷史慣性和社會裹挾力，根深蒂固地支配著人們的認識和行爲。

〔註30〕參見馮天瑜等：《中華文化史》，上海人民出版社1990年版，第18頁。

　　在中華民族的文化心理結構中，無論是社會心理層次，還是社會意識形態層次，對考試都有一種既恨又愛、難以割捨的情結。尤其是「官為本位，讀書做官」的價值取向，對中國人的社會考試心理和考試價值觀念，產生了極其深遠的影響。由於考試制度誕生在中國，延續一千三百年的科舉考試又曾在中國古代社會政治文化生活中扮演重要角色，使社會大眾把前途目標定在仕途經濟的羊腸小道，使知識價值和教育價值集合為「讀書做官」的一元化追求，而考試正是聯繫「讀書」和「做官」的中介。因此，「考試本是選擇人才的，卻使全社會都動員了起來」。科舉考試在中國一千三百年間大約選出了 10 萬名進士，「為了選出這些人，幾乎整個中國社會都動員起來了，而這種歷久不衰的動員也就造就了無數中國文人的獨特命運和廣大社會民眾的獨特心態，成為中華民族在群體人格上的一種內在烙印，絕不是我們一揮手就能驅散掉的。」〔註31〕在中國社會大眾心理中，考試對政府來說，是選官和教育分流的工具；對個人來說則是改變人生道路的途徑。若選拔人才的考試被廢止，不僅社會人才結構會因此失去後繼之源，整個社會心理系統也要失衡。

　　中國考試文化的長期發展，使中國社會民眾心理中產生一種「戀考心理」，〔註32〕或者說是「考試崇拜」，人們固然痛恨科舉考試錮人心智、牢籠英雄的負向功能，反對以應付考試為目的的應試教育，連對「考試」一詞都冷眼相加，以至於在民國初年一律將考試改稱「試驗」；但同時又認為，只有考試才是公平的，參加考試是改變人生道路尤其是貧寒家庭子弟出人頭地的唯一出路。「這種以考試成績為依據的英才教育，鼓勵各種社會地位的人去學習並在其職業生涯中力求上進」，因為整個社會「承認一個人的才能主要依據他在國家考試中的成績，而不是根據家庭出身給他帶來的權勢和財富」。〔註33〕所以整個中國社會歷來對考試的改革與發展給予特別關注。

　　這種民族戀考心理的慣性作用帶來的深層制約，彌漫在整個社會之中。它以潛移默化的方式，在人們的思想觀念上打下深深的烙印，並透過思想觀

〔註31〕 參見余秋雨：《十萬進士》，《山居筆記》，文匯出版社 1998 年版。

〔註32〕 胡向東：《傳統考試文化在當代傳承發展的原因與啟示——以自學考試為中心》，《湖北大學學報》（哲社版），2004 年第 3 期。

〔註33〕 周南照：《教育與文化之互動在經濟發展和人的發展中的作用》，載《教育——財富蘊藏其中》，教育科學出版社 1996 年版，第 235 頁。

念這個中介環節對現實社會生活產生廣泛而深刻的影響。即使在文化心理結構高級形態──社會意識形態中，也得到反映。中國古代文化中，關於考試的觀念文化十分發達，而且考試思想觀念正是文化心理結構影響民國考試對傳統文化繼承和發展的中介。中國人的考試觀念文化已在人們的頭腦中呈現爲某種「先驗」架構模式，制約、規範著人們對有關考試具體事物的認識，使人們的思想和行爲具有戀考的傾向和舉動，並外化在考試物質和制度文化之中。這種深層力量，使人們深受其約束卻又不易自知。這是民國時期科舉新廢不久，社會即著力建設新的考試制度體系的根本原因，也是中國考試文化能夠長期進行自我維繫和自我發展的重要原因。

二、對考試認識的理性回歸

中國考試文化作爲依附主文化又有著相對獨立性的一個歷史範疇，它既具人類性、民族性和時代性等各種文化系統共有的本質特性，又兼具繼承性、兼容性、選擇性和導向性等特有的個性特徵。這些特性使中國考試文化具有很強的自我保持能力，並在自我保持中不斷進行自我更新和接力擴展。〔註 34〕

中國考試文化具有的人類性、民族性內容，是其能夠在幾千年的歷史長河中得到傳承的重要原因。縱觀數千年來考試文化的繼承和發展，其主要內容是觀念文化的繼承和發展。考試觀念文化，是社會價值觀體系的綜合體現。一般來說，它代表的是時代和社會的前進力量，能與時代的進步發展契合甚至超前，故爲後世所注重和繼承。科舉之所以能延續千年之久，是因爲「它所體現的許多有價值的觀念具有永久的生命力，特別是公平競爭、廣泛參與、唯才是舉的思想不但在封建社會是進步的，還超越時空，超越社會發展階段，成爲人類共同基本理念」。〔註 35〕這也正是科舉考試之所以爲西方所借取的重要原因。〔註 36〕正如臺灣「考試院」方永蒸先生所指出：「推究考試制度之所以能保持此悠久歷史者：蓋緣自由競爭，則無由行私；憑才取士，則無法倖

〔註 34〕 參見胡向東：《論中國考試文化的特性》，《考試的實踐與探索》，華中師範大學出版社 2002 年版。

〔註 35〕 過常職：《唐代反科舉思潮與科舉考試的利弊》，《安徽教育學院學報》，1999年第 1 期。轉引自劉海峰《科舉學導論》，華中師範大學出版社 2005 年版，第 126 頁。

〔註 36〕 參見文芳：《科舉本質精神西傳的原因與啓示》，華中師範大學碩士學位論文，1998 年。

致；且足以泯除貧富階級之限制，使平民得以參加政治，實得民主政治之真諦。」〔註37〕這說明，中國考試文化的人類性和民族性內容（如公平選拔、競爭擇優的理念等），即使在經濟機制發生變化後，較之宗教、法律等其他觀念文化，更能作為一種歷史性的力量得以保存和發展，同時還具有旺盛的再生力和能動的適應力，能在環境變化後，通過與新的社會形態的價值體系相融合，進而在傳延中得到認同，在認同、轉化中革新，在革新中適應和發展。民國考試制度的建立，之所以在制度構建方面幾乎沒有遇到什麼障礙（實施情況是另一回事），也充分說明當時的國人對考試公平性這一本質屬性的認同。因為民國考試對中國傳統考試文化的繼承和發展，其核心正是對中國考試文化中「公開平等、競爭擇優」的考試觀念文化和作為其反映的制度文化的繼承。反過來說，這又是傳統考試文化的人類性、民族性內容在一定時代發展的具體體現。

科舉被廢不久的 1910 年，曾經高舉革廢科舉大旗的梁啓超，卻又發出了「科舉非惡制也」的感歎，而且認為「此法實我先民千年前之一大發明也」。〔註38〕孫中山對中國傳統考試制度的讚美，受到西方採借科舉合理精神內核的影響，其實也代表了當時中國革命先驅對傳統考試文化的反思，已從堅決的徹底否定，向理性地分析其合理性並弘揚其優越性方向轉變。沐歐風美雨、自民主之邦返國的胡適，認為民主中國的歷史基礎之一便是科舉制度，他的一段話，既闡明了中華民族固有的戀考心理，也反映了民國時期知識階層對考試制度認識的理性回歸：「這種制度確實十分客觀、十分公正，學子們若失意考場，也極少埋怨考試制度不公……它是一個公正的制度，即使是最貧賤家庭的男兒也能夠通過正常的競爭程序而爬升到帝國最榮耀、最有權力的職位上。經過這種制度的長期訓練，中國人心中已形成了一個根深蒂固的觀念：政府應掌握在最能勝任管治工作的人的手中；政府官員並非天生就屬於某一個特殊階級，而應通過某種向所有志願參加考試的人敞開的競爭性的考試制度來選任。」〔註39〕胡適在受邀到考試院演講時，最後「要考考大家的一個題目」，便是「怎樣使社會人士和小姐們對高考人員的重視象過去的進士一

〔註37〕沈兼士：《中國考試制度史·方序》，臺灣商務印書館 1980 年版，第 4 頁。
〔註38〕梁啓超：《官制與官規》，見《飲冰室合集》文集之二三，中華書局 1989 年版，第 68 頁。
〔註39〕胡適：《中國的文藝復興》，外語教學與研究出版社，2001 年，第 323 頁。轉引自劉海峰《科舉學導論》，華中師範大學出版社 2005 年版，第 125 頁。

樣」，〔註40〕實際上，他是又一次明確地提出了如何重建社會對考試制度信心的問題。民國時期，政界、知識界還多次討論過考試制度問題。在「五四」前後，有教育界關於考試存廢之爭。與其說這種現象比較典型地反映了中國社會對考試的注重，毋寧說這是中國傳統文化中社會心理對考試「執著追求」的體現。

如前所述，中華民族在長期的考試活動中，對考試的認識和感悟幾經積澱，變成了豐富的考試文化遺產，並演化成爲一種民族性的共同的戀考心理。這爲民國時期對中國考試文化進行合乎規律的繼承、中國考試制度從傳統向近代的轉型和重構，提供了廣泛而深刻的社會心理基礎。而民國時期社會對考試制度在中國政治生活和社會發展中功能的深入反思，又重拾了知識精英對中國傳統考試文化精華在建設近代社會中可以發揮作用的信心，從而成爲民國考試轉型和創新實踐的觀念先導。

三、考試體制的變革

考試體制是考試制度轉型的關鍵環節。它包括考試管理體制和運行機制。它的變革與考試內容的更新相結合，爲民國時期人才觀、考試觀的實現、考試制度體系的確立提供了根本保障。同時，體制不順和實施不力，又構成民國考試轉型並不徹底的重要原因。在民國時期的考試管理實踐中，考試權的下移與上收，考試機構的權限和考試制度設計上的統與分這幾對矛盾，始終伴隨著民國考試制度轉型和發展的全過程。

在孫中山考試思想的影響下，南京國民政府時期建立了全世界獨一無二的「部外制」考試管理體制，文官考試權和人事任免權在制度設計上出現了前所未有的集中。這種體制從橫向上看，要求所有任命人員、公職候選人和專門職技人員，都要經過考試方能任命和從業，在考試範圍上覆蓋面達到了最大；在縱向體制上，從中央到地方都設立了考試管理機構，按規定要求組織本地區相應級別的考試。這種體制對迅速推行近代文官制度、體現國家統一管理形態，是起到了積極作用的。同時，由於戰亂不斷，國民政府統治範圍有限且反覆出現統治區域的變化，分級分地進行考試管理又體現出一定的靈活性。也可以說，這種體制在民國紛繁混亂的社會背景下，爲考試制度的

〔註40〕參見楊學爲總主編：《中國考試史文獻集成》第七卷（民國），高等教育出版社 2003 年版，第 513 頁。

轉型勉力提供了條件，是這一時期中國考試文化能夠有所創新和發展的重要原因。

　　民國時期，教育考試的管理權分配異於文官考試，呈現出不同的體制變革形態，對這一時期教育考試的轉型與發展產生了重要影響。在本研究有關章節中，曾對民國教育考試的考試權的下移和上收作過討論，總體上講，此期經歷了由放到收的歷程。民初北京政府時期，改革教育管理體制，引進西方學制，反省科舉統制學校的弊端，加之國體新立，政府對教育的控制能力有限，故無論大學還是中學，無論是校內考試還是招生考試，考試權都下移給學校，考試的範圍、對象、命題和考務組織、錄取等，均由學校自行負責。它呈現出兩種相互矛盾的情形：一種是，由於學校自行控制考試，教學和考試結合較好，特別是一些著名的中學和大學，嚴厲的考試成為督導教學、壯大學校和培養優秀人才的重要手段，有時甚至引起學生抗議引發學潮；另一種情形則相反，由於生源有限且差異較大，學校水平良莠不齊，考試難度、考試紀律管理水平也相差較大，有的「經營性」學校乾脆在考試時「放水」，與買賣文憑無異。南京政府成立後，為加強教育管理，開始著力整頓學校，整齊水平，開始將學業考試和招生考試的管理權限從學校上收至教育部。中學畢業會考、畢業總考、學業競試等考試創舉，皆出於此一時期。考試權上收，有利於執政者統制思想，強化國家意志，也為政府控制學校提供便利。但是，由此引起學校和學生反彈，也在情理之中。圍繞考試權的矛盾和鬥爭，反映了民國考試轉型具有的過渡性特徵。

　　管理體制上統一與分散，考試權的下移與上收，都反映在考試形式上的統與分，即：是實行命題、施測、錄取的統一化管理，還是分別由各地各校自行管理。特別是教育考試，統一的選拔考試與分散的學校教育之間的矛盾運動，往往構成考試轉型與改革的內在動因。而民國時期社會政治、經濟和文化發展演變，又為這種轉型提供外部動力和必要條件，由於這些外部條件與環境具有不穩定性和混亂的特點，所以又造成轉型的大功未竟和向傳統回歸。

第三節　民國考試文化的特色分析

　　考試文化，是社會個體或群體由社會、國家傳遞和個人學習而得來的關於考試系統和考試行為的知識、情感、價值判斷，它是民族文化的一個組成

部分。〔註 41〕民國時期的考試文化，是傳統中國考試文化在近代的演變與發展。雖然它在科舉廢除之後，隨著考試的分類發展而分野爲文官考試文化和教育考試文化，但它們仍有一些共同的特徵：由於與政治文化密切相關，民國考試文化總體上仍沿襲著科舉考試文化所帶有的濃厚政治色彩；注重考試貫徹國家意志、強化政治教化的作用；考試觀念由狹隘走向開放；建立了世界上第一個也是唯一的一個獨立的考試行政管理機構，以及繁複的考試法規體系；考試內容、考試方式向近代化考試轉型。並且，由於政府權威缺失和社會失序，民國考試的轉型與發展，又呈現出複雜性、多變性和曲折性。

一、守本開新——民國考試中的文化融合

清末民初，在中國文化變革大潮中，也曾激盪著考試文化革創的浪花。清末對科舉的補苴改良，努力引進近代文化知識內容，推進考試內容體系變革，但難挽頹勢，科舉終被廢止。民國建立後，打開了思想禁區，敞開了引進西方考試文化的門戶；在實踐中，則有力推動了考試制度文化和觀念文化的變革。以孫中山爲代表的思想家和教育家們，植根於中國傳統和現實的土壤，在中西文化劇烈碰撞的歷史背景下，以等視中西、揚棄傳統的胸襟，在開闊深遠的理論視域中重新考量、闡發並刷新傳統考試文化遺產，探索出極具特色的考試思想體系，爲中西考試文化的融合奠定了基調。

民國考試思想史上另一位重要人物戴季陶，對建設考試制度提出的方針，十分恰當地指出了民國考試文化守本開新的宗旨與特點：「承中國固有制度之精神，採取各國特長，適應現代需要，以立良美完備之政制」。〔註 42〕所謂守本，即民國考試制度從設立到實施，都秉持了傳統考試文化中一些合乎

〔註41〕關於文化的定義，歷來是眾說紛紜。廣義文化與狹義文化等概念層出不窮。國內有研究者認爲，在文化研究中長期存在著一個悖論，即不管如何定義「文化」，其外延總是無限地擴大，最終成爲一個包羅萬象、大而無當的概念；反過來，不管我們如何從恢宏的廣義概念出發來考察文化現象，結果事實上總是用一個極其狹小的文化內涵來「偷換」那比較全面的文化概念——例如以某一家古代思想流派作爲某民族的「文化」。（參見顧曉鳴：《現代人尋找丟失的草帽》，湖南文藝出版社 1987 年版，第 14 頁；鄭金洲：《教育文化學》，人民教育出版社 2000 年版，第 1 頁）。算是力避這個「悖論」的努力吧，本文對文化的定義採狹義之說，即觀念形態的文化，制度文化是觀念文化的外在表現。

〔註42〕陳天錫編：《戴季陶先生文存》第 1 卷，臺北：中國國民黨中央委員會 1959 年版，第 168 頁。

規律的原則和方法，它是對傳統考試文化合理內核的繼承，是對傳統考試文化中閃耀著理性光芒的內容的沿襲。所謂開新，則指的是民國考試轉型和重構中，吸納西方考試新文化，根據時代需要，採借和創造符合時代要求的考試新內容、新方法、新理論。守本開新，既是重估傳統考試文化、發展新型考試文化的觀念與態度，又是在不斷探索和實踐中形成的鮮明文化特色。

其一，堅守以考試強化國家意志、傳遞主流文化、凝聚國民人心的價值取向，創新考試管理體制，利用統一考試促進政局穩定和社會發展。歷史以充分的事實和經驗證明，「考試制度的運用，可以加強全國人民對政府的向心力。無論他們屬於哪一個種族，亦不論他們居住何方，皆可經由考試，而加強他們與政府之間的關係，使他們對國家更為忠誠。」〔註43〕這是因為，考試可將國家意志以考試政策、法規、標準、內容、考試結果效用等方式，具體體現到人們的進取目標、職業要求、行為規範及合法權益之中，使之通過考試予以認識、理解、接受並付諸行動，從而「自覺縮短個人與政府間的距離，增進個人對政府的依賴和依存感，堅持以國家意志的指向和相關標準為奮鬥的方向、進取的目標，直到取得國家或社會的認可，實現理想與現實的統一」。〔註44〕中國自唐以後的歷代統治者，大多明瞭「為政之要，惟在得人，用非其人，必難致治」〔註45〕的道理。而科舉在隋、唐的成功創立和發展，則使統治者和一心為統治者著想的知識分子，都進一步認識到了科舉考試既可以「牢籠英才，驅策志士」，又能拓寬選才範圍，擴大統治基礎，消弭社會上的反抗力量，鞏固中央集權，維護國家統一。基於對考試選官這一社會功能的認識，儘管它本身有許多缺陷，甚至這些缺陷曾一度導致科舉被短暫停廢，但歷代的統治者們最終還是紛紛採行，並使考試選官成為中國古代社會一大傳統。正如余秋雨所描述的：「科舉制度表現出這樣一種熱忱：凡是這片國土上的人才，都有可能被舉拔上來，即便再老再遲，只要能趕上考試，就始終為你保留著機會。這種熱忱在具體實施中當然大打折扣，但它畢竟在中華大地上點燃了一種快速蔓延的希望之火，使無數真正的和自認的人才陡然振奮，接受競爭和挑選。」〔註46〕這種來自官、民雙方的熱忱保持了一千三百年之久，它的影響早已遠超出制度範疇，而成為羅茲曼所說的「他構成了

〔註43〕臺灣考銓叢書委員會編：《中華民國考選制度》，正中書局1983年版，第1頁。
〔註44〕廖平勝：《考試是一門科學》，華中師範大學出版社2003年版，第32頁。
〔註45〕吳兢《貞觀政要》卷七。
〔註46〕余秋雨：《十萬進士》，載《山居筆記》，文匯出版社1998年版，第230頁。

中國社會思想的模式」〔註 47〕。

民國時期對這一傳統的繼承和堅守，由孫中山爲其打下思想基礎。科舉廢除後民初出現的文官選任渠道缺乏、人事奔競、用人唯私，使孫中山反思中國考試選官的傳統眞義，提出了「任官授職，必賴賢能；尙公去私，厥爲考試。」〔註 48〕他將考試思想納入五權憲法思想體系，主張建立考試院，使考試在民國時期的政治架構中佔據了十分重要的位置。南京國民政府在大陸的二十多年，建立了前所未有的集人事管理、考試行政、考試管理與研究於一體的新型考試管理體制。這種探索，儘管由於受種種外在因素的影響致使實施成效未達預期，但其重建文官政治，在繼承傳統文化基礎上建立新型文官考試制度的努力，卻無疑是一種進步的價值取向。

其二，弘揚傳統考試文化中公開平等、競爭擇優的本質精神，並在民國時期社會價值觀激蕩變革過程中，發展和形成了近代新型考試觀。以科舉爲代表的中國傳統考試文化，其本質精神（即其基本觀念或根本思想），常被概括爲「公開平等、競爭擇優」。它正是諸多學者所論及的有近代社會價值觀特徵的因素。它們在民國時期的考試思想家和考試管理者那裡，得到了充分的肯定和發揚。第一，在考試的開放性方面，科舉以「朝爲田舍郎，暮登天子堂」這類布衣變丞相的奇迹，直接否定封建社會人才選拔的等級觀念和門第觀念。民國各期的文官考試均表現出更大的開放性，女性的報考權也得到確認，年齡、學歷等限制，則被降低到最低限度。第二，在考試選才標準的統一性方面，科舉「一切以程文爲去留」，「十分明確地把文化水準看作選擇行政官吏的首要條件」，〔註 49〕堅持以考試成績的優劣作爲及第與否的依據。民國時期的考試實踐，繼續以知識本位價值觀爲選官、選才的依據。由於引入了西方的百分制，專業科目劃分更爲細緻，錄取的標準更是得到細化，有時甚至細分到小數點。文化知識水準這個選官、選才的統一標準，借助近代課程理論和測量技術的發展走向客觀化和精細化，包括取代經義類科目的三民主義等科目，也都以更爲客觀化的形態出現在考試之中。第三，在應試內容方面，保持機遇均等性，並通過嚴密的考試程序控制，體現公平原

〔註 47〕 羅茲曼主編：《中國的現代化》，江蘇人民出版社 1995 年版，第 338 頁。
〔註 48〕 《大總統咨參議院請議決文官考試令與與外交官及領事官考試令草案文》
　　　　（1912 年 2 月 28 日），中國第二歷史檔案館藏：《南京臨時政府公報》第 24
　　　　號，1912 年 2 月 28 日。
〔註 49〕 余秋雨：《十萬進士》，《山居筆記》，文匯出版社 1998 年版，第 231 頁。

則。傳統科舉考試中，儒家學說始終是內容主體，千餘年來變化不大。這是科舉後期考試內容走向偏狹的原因之一。另一方面，因考試內容的統一、穩定，又確保了廣佈於城市與鄉村、富庶與貧困之地的考生們，都能享受到考試內容的機遇均等。民國時期文官考試運行時，戴季陶要求統一標準，明確考試內容，「最好能以一定之書籍爲標準」〔註50〕，可視爲對這一傳統的繼承和發揚。而民國時期，特別是南京國民政府時期的文官考試，在考試程序管理方面的嚴密性和規範化，則較科舉時代又有發展，從而有力地彰顯了公平公正的原則。第四，在考試制度設計方面，確保考試的競爭性，堅持引入競爭機制，堅持優勝劣汰的選才原則。科舉時代長達13個世紀，僅擇出進士10萬餘人，儘管選才方法上不無令人詬病之處，卻也基本保證了所選之才大都相對爲優。這種競爭擇優的思想符合人類追求活動效率及個人價值的價值取向，是構成人及社會發展動力機制的重要因素，也正是科舉考試的本質精神爲西方近代社會所認同、借取的根本原因。民國時期無論文官考試還是教育考試，均保持著考試的競爭性，從而賦予了考試以活力，使之不斷發展和完善。

其三，繼承和發揚以考促學、以考督教的傳統。由於考試過程具有育人功能，〔註51〕所以考試標準往往極大地影響人才培養標準，並督促人才培養努力實現社會需求標準。這樣一來，「選擇過程變成了塑造過程」〔註52〕，科舉考試的育、選、用統一機制由此形成的同時，也促進了積極向學、讀書至上、學優則仕、發展教育風氣的形成，教育普及的步伐由此加快，教育機會也隨之逐步下移和擴大。

民國考試在其創立和發展過程中，對考試可以督導教育、考試與教育必須溝通，有著比較清醒的認識。在教育考試領域，政府教育行政機關逐步收迴學校考試權的舉措，實出於政府控制意識形態和教育文化的本能追求。中學畢業會考制度、學業競試制度和自費留學考試制度的創立，無不起到用考試檢查教學實施、整齊教學程度、約束學校學生的作用，並力圖將激情澎湃於學潮之中的學生拉回考場。而身爲國民政府考試院院長的戴季陶，則更爲明確地提出考教結合，以最大限度地吸引人才，他主張「採用中國舊日所行

〔註50〕參見本書第二章關於戴季陶考試思想的有關內容。
〔註51〕參見鄢明明：《大規模考試的演變與育人》，湖北人民出版社2004年版。
〔註52〕余秋雨：《十萬進士》，《山居筆記》，文匯出版社1998年版，第239頁。

之辦法而變通之，使學校考試與政府舉行之考試，互相關聯」，〔註53〕正是對傳統考教結合的進一步發展。這一思想，曾在抗戰時期的高校招生考試中做過實驗。民國考試的管理者，還注意以考試方法鼓勵自學成才，首創了檢定考試，使沒有文憑的自學者通過檢定考試檢驗後也可以參加文官考試，這就爲社會成員的自學——在戰亂頻仍、民生凋敝的民國時期，自學者尤顯可貴——提供了相對完備的檢驗、評估、激勵機制，使通過考試的自學應考者能夠應文官考試，從而參政入仕，獲得社會認同。這種認同，既可將分散於社會的隱性人才選拔出來，又極大地激勵了自學者，從而產生了凝聚力，增強了民族發展的活力。

其四，在考試管理和方法手段方面，在吸納西方科學文化知識爲考試內容的同時，引進並發展了近代教育測量學的理論和方法，創造出適合中國社會條件下的考試管理和方法技術。文官考試開始按現代學科劃分考試專業、確定考試科目；教育考試依照學制和課程體系設考，專業知識代替儒家經典成爲考試的主要內容。相對而言，民國時期在考試管理方法和技術方面的「守本開新」，更爲突出地表現在教育考試領域。

民國建立以後，新式教育大興，西方教育思潮傳入中國，教育理論呈現出多元化格局。在西方初興的教育測量、心理測量理論，很快被引入中國，中西考試文化開始了新一輪的會通，並經過中國本土試驗，開始走向融合。在「五四」狂飆突進的新文化洪流中，傳統考試文化中的優秀遺產像其他文化遺產一樣，並沒有得到很好的認識與重視，而是在反傳統的吼聲中，將其同傳統教育、考試文化中的糟粕一起埋葬。由北京大學學生罷考引起的第一次考試問題論爭，就產生於「五四」前後，是否廢除考試成爲論爭的重要問題之一。其後，當人們從一味批判的熱忱中清醒過來，發現考試於教育實在是無可廢除時，又開始大量引進西方最先進的測量理論，並將此新法考試在中國進行實驗，力圖以此改造考試。於是在 20 世紀 20 年代，又圍繞新法考試產生了有關考試的第二次論爭，對中國近代教育考試的發展產生了重要影響。民國時期的第三次考試問題論爭，則發生於三四十年代，論爭的焦點是會考、大學畢業總考等，並由此論及考試與學校的關係，中國傳統考試文化的去取等重要問題。

〔註53〕戴季陶：《第一屆高等考試總報告書序》（1931 年 9 月），楊學爲總主編：《中國考試史文獻集成》第七卷，（民國），高等教育出版社 2003 年版，第 519 頁。

伴隨著這三次論爭的，是西方測量理論的進一步廣泛傳播，以及在這些理論指導下的可貴的教育考試實踐。一批中國人自己的有關考試的理論和實驗著作、論文得到發表與出版，考試研究學術團體也開始形成和發展。這極大地促進了中國近現代考試思想的發展，也縮短了中國與西方國家在考試理論方面的差距。

二、立法行考──民國考試的法制化努力

先立法，後行考，建立一整套關於考試制度的法律法規並依法設考，是民國時期考試制度，尤其是文官考試制度的一個顯著特徵。它成為了中國考試制度近代轉型的一個重要標誌。

民國時期文官考試制度走上法制化軌道，是與民國文官制度相依相伴的。民國前期的文官制度，基本上走了一條「西化」的道路。孫中山建立的南京臨時政府，仿照歐美政治體制建立議會、組建內閣、制訂了文官考試任用制度。北京政府成立後，繼續籌建文官制度，相繼公佈了一系列法規，對文官的考試、任用、紀律、懲戒、俸祿及保障、撫恤等都作了具體規定，形成了一整套文官管理制度，並由統一的文官管理機構──銓敘局具體實施。這標誌著新型的文官制度初步成型，包含在其中的文官考試制度也正式確立。南京國民政府時期，文官制度改稱公務員制度，各種法律法規制定得更加嚴密，管理也趨於規範。通過制訂頒佈《公務員任用法》《公務員登記條例》《考績法》《公務員獎懲條例》《文官官等官俸表》等一系列法規，使公務員的考試、任用、甄別登記、考績、獎懲、權利義務、官等官俸、撫恤保障等，均有法可依。但是，有法可依只是法制的一個條件，更重要的是，是否依法行政。對此，有史家評論說，「國民政府的公務員制度雖規定較詳細，卻並未能動搖其專制獨裁基礎，反而在吏治腐敗和專制事實面前，徒具形式，得不到嚴格執行。……因此，公務員制度及其有關法律規定多被踐踏，成效甚微。」〔註 54〕

不過，經過多年建設，民國的文官制度體系畢竟比較完整、全面。正是有了相關制度的補充和配合，文官考試制度的實施才有了保障。法規完備，法定程序比較完善，強化了對文官考選制度的法律保障。它們構成了民國文官考試立法設考、依法行考的重要條件，又是民國文官考試走上法制化軌道的重要表現。

〔註 54〕白鋼主編：《中國政治制度史》下卷，天津人民出版社 2002 年版，第 929 頁。

民國考試，特別是文官考試法制化建設，有以下幾個突出特徵：

其一，高度重視考試立法，注重考試制度設計，堅持先立法，再行考。中華民國成立後，歷屆政府均十分重視考試立法，使民國考試從設計到具體實施均有法可依。如前所述，南京臨時政府剛剛成立，即於 1912 年 2 月著手起草了《文官考試令》等六個考試法令草案，由孫中山以大總統身份咨文，要求參議院議決，體現了新生的資產階級政權對建立文官制度、文官考試制度的高度重視，也打下了民國考試制度走上法制化道路的基礎。1913 年 1 月，袁世凱爲首的北京政府在接掌政權不過半年的時間裏，在上述六個草案基礎上又起草並公佈了九個文官考試法令，並於 1915、1919 年進行了兩次大規模修訂。1915 年北京政府舉行首次文官考試，就是在第一次法令修訂後舉行的。袁世凱政府進行的縣知事測驗、學績測驗，也均在訂立相應法規後進行。有論者認爲：「北洋政府時期，許多制度有名無實，流於形式，而文官考試卻能按三年一屆的規定，如期在北京舉行，表明了強化法律保障所起到的極其有力的作用。」〔註 55〕進入南京國民政府時期，戴季陶明確提出：「在這一個紛亂與治安的交替時代，我們最重要的基本建設工作，就是立法。」〔註 56〕考試法規的制訂、修訂更爲頻繁，數量更大。所有文官考試均是在先行立法後舉行，確保文官考試在法制化軌道上運作。即使在抗戰全面爆發的情況下，亦先訂立了戰時文官考試法律，再依法變通考試辦法。以法律爲文官考試的保障，成爲十分明確的文官考試制度構建路徑，表明了民國政府依法辦考的基本思路。

其二，考試法律法規數量大、種類多、內容齊全。民國時期考試法規繁多，大到國家根本大法——憲法，小到某種考試的操作規程，均用法律形式有所規定。種類上，如 1935 年，考試院就曾將相關法規分爲五類：(1) 基本法規；(2) 關於組織方面之法規；(3) 關於手續方面之法規；(4) 單行法規；(5) 補充法規。內容針對各種考試，如公職候選人考試、任命人員考試和職技人員考試等，均有專門法規。各種法律之下，又定有規則、細則、辦法等，內容極爲詳盡周密，從考試方針、目的原則、考試機構設置、考試辦法，到考試命題、考務組織，報名體檢、閱卷計分等，均有法律法規予以規範，可謂體系完整，內容詳細，覆蓋到考試的方方面面和從始至終的全過程。因而，民國考試法規的數量

〔註 55〕關學增：《近代中國官員選任制度及其得失》，《史學月刊》1997 年第 5 期。
〔註 56〕戴季陶：《考試院的籌備成立和五院制的運用講詞》，《戴季陶先生與考銓制度》，臺北正中書局 1984 年版，第 291 頁。

格外龐大。以南京國民政府時期爲例，考試院於 1947 年所編的《考銓法規集》，就收有「現尙使用」的法規 133 種，計有「一般法規」22 種，公職候選人考試法規 8 種，任命人員考試法規 77 種，專門職業及技術人員考試法規 23 種，獎學考試法規 3 種。此外，教育部還制訂有教育考試法規不下 30 種。

其三，注重考試法規的修訂、完善。北京政府時期，對 1913 年公佈的文官考試法規先後於 1915 年、1919 年兩次進行大規模修訂。如本研究第三章所列，僅司法人員考試法規，從 1915 年到 1926 年的十餘年間，先後制訂了 17 個。這中間，一些法規又經反覆修改，並制訂了相關補充規定。做到了所有涉及司法的官員都要考試，而所有司法人員考試均有法可依。南京國民政府時期，更是十分重視根據社會形勢變化的需要，來修訂考試法規。抗戰前的 1933 年和 1935 年，幾乎所有的考試法規均經過兩次修訂；抗戰爆發後，又及時根據戰時情形調整考試組織辦法，公佈了《非常時期特種考試法》。抗戰勝利後，1947 年又根據「行憲」的要求，對考試法規進行了一次大規模修訂。關注社會需要的發展，注重因時變法，反映了民國政府對考試法制化的堅定性，以及因時而變的適應性，當然，也反映出了民國考試在紛繁多變的時代背景下轉型、發展的艱難。

三、黨化軍治——民國考試的人治色彩

黨化軍治，派系干擾，是軍閥統治和國民黨一黨專制抹給民國考試制度，特別是文官考試制度的一層「特色」，是文官考試制度受制於國家政治體制而留下的烙印。民國後期，在國民黨一黨專制之下，實行軍事獨裁，通過意識形態和組織掌握等手段，試圖控制國家文官隊伍、力圖將黨員和軍人轉化爲官僚隊伍。黨化軍治，派系干擾，破壞了民國文官制度，致使從科舉到近代文官制度的轉型受到嚴重挫折。

20 世紀前半期中國政治體制的一個最顯著變化，是它實現了從傳統王朝政治體制向現代黨治政治體制的轉型。中國歷史上第一個黨治政權——國民黨政權的建立，「標誌著那時中國的政治體制形態步入了以黨治國的黨治時代」。但國民黨所確立的黨治國家模式，既非西方議會政黨式的政治體制，亦非蘇俄列寧主義政黨式的政治體制，而是在借鑒蘇俄黨治體制的基礎上，經過一番改造後所確立的一種獨特的政治「變體」。它在結構形式上，仿擬蘇俄一黨專政政體，而其內涵，則融入了蔣介石的軍治理念，是國民黨一黨專政

和蔣介石軍事獨裁相整合的體制。〔註57〕這個體制以黨治為表、軍治為裏，黨弱軍強。

　　黨化考試，首先體現在黨義治考，將黨義列入必考內容，實行思想灌輸和意識形態控制。孫中山曾提出：「以黨治國，並不是用本黨的黨員治國，是用本黨的主義治國！」〔註58〕國民黨政權將黨義（或稱總理遺教、國父遺教或三民主義）列為各級各類學校的必修課，教育考試中的統一考試如中學畢業會考、大學學業競試等，黨義均為必考科目，連自費留學考試也要考黨義，文官考試包括職技人員考試更是「黨義必考」，而且黨義不及格則必不錄取。這實際上是以考試為手段實行意識形態控制。文官考試在抗戰開始後，加上了訓練環節，其基本內容也是黨義，並且如果訓練不合格則不予再試和分發任用。文官就職前，還須宣誓「余恪遵總理遺囑，服從黨義」〔註59〕。如此，便將國家文官隊伍納入一黨之私囊中。有人曾尖銳地批評說：孫中山「他的遺教表現在現行考試制度和五五憲草裏，仍不免把考試作為統治者排斥異己的工具。黨義成為必考的主科，試問政府，有異見的，如何願意應考？縱或應考，也必因所見不同而難望取中。」〔註60〕還有論者指出，黨治下之人才，附和黨籍，雖不才而才，要求國民黨取消黨治，開放政權。〔註61〕

　　黨化考試還使國民黨黨員較非黨員進入公務員隊伍要更為容易，將「革命資格」實為國民黨員資格規定為文官任用資格之一，以「資格」架空文官考試。依《公務員任用法》的規定，「曾於民國有特殊勳勞，或致力國民革命十年以上而有勳勞者」，可以任簡任文職文官；「曾於民國有勳勞，或致力於國民革命七年以上而有成績者」，可以任薦任職文官；「曾致力國民革命五年以上而有成績者」，可任委任職文官。誠如一些學者所分析，「事實上由於所謂『特殊勳勞』、『勳勞』、『成績』等都未規定明確的尺度，所以『致力國民

〔註57〕　參見王奇生：《黨員、黨權與黨爭──1924～1949年中國國民黨的組織形態》，上海書店出版社2003年版，第1頁，第179頁。

〔註58〕　孫中山：《國民黨黨員不可存心做官發財》，《孫中山選集》第1卷，人民文學出版社1956年版，第463～464頁。

〔註59〕　陳天錫編：《考試院施政編年錄》初稿第一編，第131頁。

〔註60〕　《論中國傳統考試制度並評中華民國憲法草案考試章》，上海《中華時報》1946年12月5日。

〔註61〕　參見立人：《中央政府有無救亡圖存覺悟之試金石》，《再生》3卷9期，1935年11月15日。轉引自鄧萌蘭：《域外觀念與本土政制變遷》，中國人民大學出版社2003年版，第174頁。

革命』的年限就成為這項資格中的唯一條件，又因為南京政府是以黨治國，致力於黨便是致力於國，『致力國民革命』的年限便進一步簡化為加入國民黨的年限。所以只要有五年以上黨齡的國民黨黨員，便可以堂而皇之地繞開文官考試進入國民政府的文官隊伍，並可隨年限的增加而不斷晉升」。〔註62〕

純粹黨務出身人員向公務人員轉化，也有「專門」的渠道。一是依照《黨務人員甄別審查條例》，以黨務工作資歷通過國民黨中央的資格審查，送國民政府交考試院分別登記，並發給證書，便具備了政府公務員資格，可以隨時進入政府，充任相應級別的公務員。這比通過考試才能獲得最低級的薦任或委任資格顯然容易得多。二是由國民黨中央主持「從政考試」，在考試院文官考試之外另立考選渠道，及格者取得相當於高等考試及格的證書，便可由國民黨中央黨部直接分發，並通知考試院銓敘部承認其銓敘資格。〔註63〕

不過，應予注意的是，儘管國民黨政府甚至明文作出「如遇黨員與非黨員能力相當時，用人先優黨員任用，裁員先優非黨員裁」這樣極不公正的規定〔註64〕，但由於黨權相對於軍權和派系勢力更為薄弱，一些「黨治」措施落實得並不得力。王奇生的研究表明，國民黨黨員在公務員中的比例，相較號稱一黨獨裁的政權來說，「並不顯著」，「國民黨籍是供職國民政府機構的先決條件」這個目標，並未達成。〔註65〕並且，國民黨的一黨專政和黨化努力，還面臨著極大的輿論壓力，文官考試應脫離「黨化」，是政治評論者們常提到的話題。〔註66〕筆者認為，國民黨黨化考試的努力，實效更多地體現在「黨

〔註62〕 楊學為總主編，王奇生主編：《中國考試通史》卷四（民國），首都師範大學出版社 2003 年版，第 230 頁。

〔註63〕 參見董卉：《南京政府公務員制度（1930～1937）考析》，《近代史研究》1992年第 2 期；王奇生主編：《中國考試通史》卷四（民國），首都師範大學出版社 2003 年版，231 頁；汪振國：《國民黨時期的文官制度與文官考試》，《江蘇文史資料》第 24 輯。

〔註64〕 陳之邁：《中國政府》第二冊，商務印出館 1945 年版，第 221 頁。

〔註65〕 參見王奇生：《黨員、黨權與競爭──1924～1949 年中國國民黨的組織形態》，上海書店出版社 2003 年版，第八章。

〔註66〕 如抗戰勝利後，沙學濬、初大告、任美鍔等十人在《大公報》上刊出《論今日國是》，提出九點建議，「都是關於黨的」，其中第六條是，「為保證行政體系的健全與政令推行的順利，中央及地方政府的事務官均不得有黨籍，現任有黨籍的事務官應令其脫黨或辭職。事務官之作用須經過國家考試，一經任用，不得無故空缺。惟有這樣，中國才能建立健全的國家文官制度，不受黨派競爭的影響。」這個建議可以說代表了三四十年代關於推行文官制度討論的主要觀點。參見《大公報》，1946 年 1 月 6 日。

義進課堂，黨義進考場」方面。

在民國的政治背景下，文官考試帶有「軍治」色彩似乎也順理成章了。自晚清以來，軍人集團逐漸從社會邊緣走向社會中心，民國幾十年的統治，北京政府與南京國民政府，本質上都是軍事獨裁政權。「國民黨黨治體制的法理序列是黨→政→軍，而實際序列卻是軍→政→黨；名義上是以黨統政，以黨統軍，實際上是以軍統政，以軍控黨。」〔註 67〕大批軍事將領、軍事幹部和組織，被推到中央和地方政治的前沿，成爲政治控制和社會整合的組織力量。在考試領域，文官考試的軍治色彩主要體現在通過考試放大軍人在國家社會中的作用，不惜犧牲考試的公平與制度的原則性，利用文官考試安置軍人；軍人干涉考試行政，破壞文官考試制度的實施。

軍人在參加文官考試的資格和錄取方面受到優待。從 1911 年到 1949 年，大小戰爭經年不斷，軍隊人員數量大、更新快，大批中下級軍官和退伍士兵需要安置，否則會成爲影響政權和社會穩定的不安定因素。南京國民政府於是制訂了優待政策，爲他們進入政府擔任公務員洞開方便之門。1928 年發佈的《國民革命軍退伍軍官佐考試任用條例》規定，退伍軍官佐「曾在軍事學校畢業及有相當學識」者，由「原直屬最高長官」保薦應考試院試，及格並訓練後，「分發各省，以縣長、警官及縣政府佐治人員等職，分別任用之」。〔註 68〕當時考試院尚在組建，當然無從考試，於是退伍軍官佐便先直接分發任用。考試院成立後，因這些人文化水平低，難應考試，國民政府乾脆直接發佈命令，規定凡曾任軍職人員，無論軍官軍佐，也無論是否學校畢業，皆可以其軍職官等「比照文官簡、薦、委認定資格」，從而將軍隊中的官等與政府中的官等直接畫了等號，免除了考試和訓練兩個重要環節。〔註 69〕軍人們扛上槍做軍官，放下槍就做文官，眞正可以做到「上馬打天下，下馬治天下」了。

抗戰勝利後，又有大量軍事人員需要退伍安置，考試院以設立特種考試方式來解決。1946～1948 年三年間，分別有 72485、22360、6097 名，總

〔註67〕 王奇生：《黨員、黨權與黨爭——1924～1949 年中國國民黨的組織形態》，上海書店出版社 2003 年版，第 170 頁。

〔註68〕 《考試院月報》第一期，1930 年。楊學爲總主編：《中國考試史文獻集成》第七卷（民國），高等教育出版社 2003 年版，第 359 頁。

〔註69〕 王奇生主編：《中國考試通史》卷四（民國），首都師範大學出版社 2003 年版，第 233 頁。

計 100942 名復員軍官佐轉業人員考試及格。統計數據表明，在南京政府考試院舉行的任命人員考試中，共計 166027 人合格，其中特種考試 155220 人，占總數的 93.5%；而特種考試合格者中，復員軍官佐人員有 100942 名，占總數的 65%；這個人數，又占任命人員考試合格總數的 60.8%。也就是說，近 2/3 的任命人員考試合格者是復員軍官佐人員。有人說，「民國成立，軍焰燻天」。這「軍治」的烈焰，同樣燒得文官考試制度變形扭曲，不成模樣。

黨化軍治，歸根結蒂是人治造成的，也是人治的表現。民國自成立以來，社會一直處於不穩定的狀態。北京政府時期中央政府有名無實，各地官員悉由割據軍閥安插親信擔任，中央考任的文官難以出京。南京國民政府也只是實現了形式上的統一，雖然它對國土和人口的實際控制率，從 1929 年的 8%、20%，在抗戰前夕已分別增至 25%和 66%，〔註 70〕但這種統治也仍是十分脆弱的。外族入侵，鯨吞與蠶食同進；軍閥割據，內戰與外戰並行。國民黨內的派系爭鬥，也一直未曾停歇。這種畸形的政治生態，反映在文官考任制度的推行上，是煌煌法規僅存文本意義，實際用人悉聽利益支配；長官個人的好惡親疏，代替了考試制度和法律。

在中央政府層面，考試院職能有限，根本無法也無力依照法規控制考選和銓敘。政務官名義上由中央政治會議議決，實際上掌握在蔣介石個人手中；事務官雖名義上要考試選拔，但任免權分掌於各部門和各機關主管之手，機關長官對下屬可以任意辟用和罷免。用人時，不問黨不黨、才不才，只問親不親、派不派。有人稱之為「更換一次首長，薦信三尺，帶員數十，趕走一半」。更有公開宣佈自己新任職位，吆喚故舊的。如孔祥熙在 1933 年履新之際，刊出《孔祥熙啟事》公開表示：「蒙各方友好舊日賓寮或杖策來投，或薦賢相助。」〔註 71〕何廉 1936 年出任行政院政務處長時，曾對行政院中盛行的裙帶風驚詫不已：「院中大小官員的任免幾乎都是通過個人關係來解決的。儘管在考試院的督導下，實行著一種考試制度，但大小官職都不是通過這種制度來替補的，要有也只限於那些比較低微的職銜。理論上說，大小官職的委任，該人的學歷、經歷都需經隸屬考試院的銓敘部的審批。實際上，這些履

〔註 70〕〔美〕易勞逸著，陳謙平等譯：《流產的革命》，中國青年出版社 1992 年版，第 331 頁。

〔註 71〕南京《中央日報》1933 年 11 月 8 日。轉引自張皓《從兩次高考觀察國民政府的考試院制度》，《學術研究》1999 年第 9 期，第 74 頁。

歷表只是一具紙文，考試院對任何人推薦的任命極少否決過。」〔註 72〕1945
年有人寫文章指責說：「現在各機關用人，除了少數爲考試及格外，其他都由
私人引薦而來，不管他有能無能，只要有關係的人介紹，一紙八行書，便可
混入工作……因此用人不能唯賢，各事不得其人，求人才的制度，便失卻了
常軌。」〔註 73〕

現存的一些回憶民國文官考試制度的文獻資料，不少涉及國民黨內部
派系對文官考試及格者的爭奪、拉攏。如國民黨的黃埔系、CC 派和朱家驊
派等，都曾激烈爭奪文官考試及格人員，將派系鬥爭的戰場擴大到了文官
考試領域。

據曾在考試院任職的高等考試及格人員金紹先的回憶，高考及格人員多
數被拉入了上述三個派系。作爲黃埔系核心組織的復興社，早在 1936 年就開
始面向高考人員發展組織，如楊君勘、李飛鵬等均被其吸收爲會員；有的是
分發任職後被吸收，如奉化縣長曹鍾麟就被在任上被浙江省主席黃紹竑提拔
爲藍衣社的高級骨幹。CC 派重點利用其把握黨務的方便，不僅把分發到其派
系的把持機關的高考人員吸收進來，而且通過設立中央政治學校司法班，將
高等考試的司法官考試部分，全部納入了政校系統。抗戰開始後，CC 派又提
出「黨化高考」的口號。從 1939 年起取消口試，要求高考初試及格者進入中
政校訓練一段時間，取得畢業資格，才能進行再試和分發，這實際上是將高
等考試變成了中政校的入學考試。而訓練的過程，就是經陳果夫介紹加入國
民黨、加入 CC 派的過程。鑒於上述派系爭奪高考人員，曾擔任國民黨組織部
長、在黨內人脈頗豐的考試院副院長朱家驊，也感到必須爭取高考人員。1942
年他向戴季陶進言，要求把高考及格人員「管起來」，於是在考試院內設立輔
導科，建立進修制度，以密切與高考人員的聯繫。1943 年朱家驊又決定選用
一批高考人員輔任國民黨省黨部委員，輔導科遴選高考人員 30 多名，由戴季
陶向蔣介石保薦，以省政府廳長任用。〔註 74〕

派系勢力爭奪高考人員，引起了人們的重視和擔憂。有論者敏銳地指出，

〔註 72〕 《何廉回憶錄》，中國文史出版社，1988 年，第 97 頁。轉引自王奇生：《黨員、
黨權與黨爭——1924～1949 年中國國民黨的組織形態》，上海書店出版社 2003
年版，第 209 頁。

〔註 73〕 趙汝言：《中國現行公務員考試制度》，《考政學報》第 2 期，1945 年。

〔註 74〕 參見金紹先：《戴季陶與南京國民政府的高等文官制度》，《江蘇文史資料》第
24 輯。

一方面用人要依制度，破除派系門戶的圈子；另一方面「就是考試及格人員不能再鑽圈圈，加入小組織，否則整個考試制度便會失敗。」〔註75〕

地方勢力對中央政府統一文官考試制度的抵制，也是導致「整個考試制度便會失敗」的重要因素。國民黨執政時期，「一般而言，省市一級的政治資源，多爲全國性的派系所攘奪；而縣級以下的政治資源，則多爲地方『精英』所分掠」。〔註76〕其地方「分掠」方式，有對中央規定明裏服從、暗中拖延的，也有直接頡頏的。一是有的地方實力派，以自行考試替代中央統一的文官考試。19世紀30年代初，考試院剛開始實行公務員甄別審查，雲南省就擅自舉行縣長考試、縣佐治人員考試、薦任和委任等文官考試。考試不依規程，內容淺顯，各級現任人員均輕鬆過關。其他各省爲保證本地官吏自行任免，亦紛紛效法，「先斬後奏」，自行辦考，脫離監督，直到考試結束，一紙報告送交考試院了事，根本不把國家統一文官考試放在眼裏。二是1932年國民政府將各省縣長資格審查權和任命權收歸中央後，各地方實力派十分不滿，藉口《縣長任用法》規定的標準過高，限制過嚴，要求降格選任。後來考試院不得不退讓，並對相關法規進行修訂，降低縣長任用資格。但各地方仍不滿意，或者援用因「剿共」而設立的更低的縣長標準，或者乾脆自行任命縣長。直至1936年底，各地申請任用的縣長少得可憐。如寧夏申請任用的縣長只有3人，甘肅4人，貴州1人，四川5人，雲南13人。有的省還出現明碼實價的賣官買官。〔註77〕1936年5月，蔣介石在行政院高級行政人員會議上曾氣憤地指出：「現在我們政治不能有進步，一切的事情做不好，可以說最大的根本的毛病，就是人事不當。」〔註78〕問題明擺著，根源也很清楚，但想要改觀，卻是蔣主席也徒喚奈何。王芸生在1941年國民黨九中全會通過《政治修明案》後寫社評說：「說到政治修明，眞是令人感慨萬端。政治之應修明，我們幾千年來的聖經賢傳講了一大堆，遺產不可謂少；外國的學說典章稗販了幾大車，亦不可謂不多；又經過幾度革命，十載忍辱，五年血戰，上有英明領袖的領導，下有全國民眾的擁戴，而迄今未能奠定法治基礎，實在是一件天大的憾

〔註75〕趙汝言：《中國現行公務員考試制度》，《考政學報》第2期，1945年。

〔註76〕王奇生：《黨員、黨權與黨爭——1924～1949年中國國民黨的組織形態》，上海書店出版社2003年版，第216頁。

〔註77〕參見：董卉《南京政府公務員制度（1930～1937）考析》，載《近代史研究》1992年第2期；王奇生主編：《中國考試通史》卷四（民國），首都師範大學出版社2003年版，第236～237頁。

〔註78〕轉引自趙汝言：《中國現行公務員考試制度》，《考政學報》第2期，1945年。

事。」〔註79〕整個社會政治腐敗不堪，單靠文官考試制度那幾本被軍閥和黨國政要棄之如敝履的法律規章，是難以保證公平選材的，也是無法挽救國民黨政權的沒落和失敗的。

第四節　民國考試制度轉型的歷史評價

考試制度的演變，是沿著社會發展與人的發展彼此交織的矛盾運動向前演進的。它既受到社會發展的推動與制約，又有著自身的運動規律。民國時期考試制度的轉型與重構，就是一個滿足民國社會經濟、政治、文化發展需求，順應和促進人的個性發展，而不斷進行自身變革的歷史過程。它構成了中國考試制度文化由傳統向現代演變的重要轉折。這一過程充滿創新、發展和突破，也留下了不少歷史教訓。總體上看，轉型與重構，更多地表現爲不得不爲之的趨勢與過程，並未呈現給我們一個轉型既成的較好結果。

一、民國考試制度轉型的主要成就

民國考試的產生和發展，從科舉改革和廢除，到 20 世紀初文官考試的推行，教育考試的發展，經歷了劇烈的變化。但客觀說來，科舉考試平等競爭原則的推行，科舉體現出來的對教育的重視、對知識文化的崇尚和對貴族的排斥，對政治組織完善所起到的推動作用，都相當接近近代社會的價值取向，它與民國考試在考試觀念的傳承與發展、考試功能的認定、考試管理體制等方面有著淵源關係。民國考試制度體系確立後，又不斷地向現代公務員考試、現代教育考試制度演變。「人才恒倚考試而振興，政治尤賴人才以推動。考試對政治之偉大功能，未因時代之遞嬗而稍有貶損」〔註80〕。民國考試在近代社會發展過程中，擔負著人才育、選、用的中樞作用，其中所包含的歷史和社會變遷，以及政治制度、教育制度的演化等重要內容，其意義十分深遠。

與以科舉制度爲代表的中國傳統考試制度相比較，創建於 20 世紀初葉、運行於 20 世紀上半葉的民國考試制度，從以下幾個方面實現了轉型與突破：

第一，民國考試制度的創立，在賡續中國傳統考試文化精神的基礎上，從根本上改變了中國考試的發展方向，開啓了中國傳統考試向現代考試的轉型和演進歷程。

〔註79〕王芸生：《擁護修明政治案》，《大公報》1941 年 12 月 22 日。
〔註80〕臺灣考銓叢書委員會編：《中華民國考選制度》，正中書局 1983 年版，第 1 頁。

　　民國考試制度創立之前，以科舉爲代表的傳統考試制度，不僅擔負著選官的功能，還發揮著廣泛的社會控製作用。它不可避免地對學校教育產生直接影響，最終使學校附庸於科舉，形成了以考爲主，教育、考選、任用高度統一的科舉統合機制。天下讀書士子以「學而優則仕」爲學習和考試的目的，其文化知識選擇與價值取向，依然以傳統儒學爲依歸；科舉制廢除後，「改變了教育發展的導向，使考試的重心由考『官』轉向考『學』，新式學校教育的地位出現歷史性轉折，由此奠定現代中國教育發展的根基。」〔註 81〕而民國在清末民初學堂教育、學校教育發展的基礎上，在建立近代文官制度基礎上，先後建立了近代文官考試制度和學校考試制度，眞正實現了文官考試和教育考試的兩分。進而又根據社會發展的要求，設立了專門職技人員考試，使民國考試實現了由單一的以選官爲基本目的的傳統考試，向分類分工的由文官考試、教育考試和專門職技人員考試所組成的考試體系的轉變。

　　在設立考試的觀念和目的方面，考試的兩個主體——設考者和應考者的考試觀念和目的都發生了轉變。就政府設考目的而言，國家考試已不再僅限於選拔官員，而是從社會發展的需要出發，在更爲廣泛的範圍內加快社會流動，公平合理地進行社會分層，爲社會培養、選拔適應社會發展需要的不同層次、不同種類、不同專業的有用之才。爲此，考試可以發揮督導教育的功能，由政府在全國設立統一的會考和招生考試、學業競試，也可以將考試權下移給學校，由學校從有利於人才培養的目的出發來設立和舉辦校內考試。這些考試都對民國時期的社會分層、階層流動提供了一定的條件，產生了推動作用。對應考的考生來說，隨著價值取向的變化，讀書人應考的目的不再單一只爲做官，而是走向多元。既有爲官而考，也有爲學而考，還有爲職業而考。並由此引發更爲深入的探討，從爲了人的自由發展、爲了人的身心健康出發，對考試制度、考試方式方法進行全面的反思，對應試教育的弊端大力聲討。

　　民國的考試之設，與社會發展需要和人的發展的需要走得越來越近，這無疑具備了近代考試的主要特性，也反映了傳統考試向現代考試轉型的特徵：開放、平等、走向法制化等等。民國考試廢除了科舉制下對婦女和所謂「賤民」的應考限制，報考資格日益開放，最大限度地保證了公民的考試權，

體現了近代社會民主、平等的價值觀念；無論是民國文官考試還是教育考試，都建立了一整套考試法律規章，使考試的設立、實施在制度化、法制化的軌道上運行。考試管理嚴格、嚴密，繼承和貫徹中國傳統考試「公開平等，競爭擇優」的本質精神，符合現代社會平等競爭的發展理念，有力地推動了近代教育和文官制度的發展與推行。儘管由於落後的政治生態的限制和扼殺，民國考試制度的實施受到阻滯和破壞，但民國畢竟創建了迄今為止中國歷史上最為完整的國家考試法規體系。其法規體系及實施，對今日考試制度建設和實施提供了重要借鑒；其表現出的先進理念和取向，其艱苦的探索歷程和有限的探索成果，都是值得肯定的。

第二，考試權的獨立，考試管理體制的變革，推動了近代文官制度在中國的確立，也改變了考試統馭教育的局面。

孫中山獨創的考試權獨立學說，經南京國民政府的實踐後變成現實。雖然孫中山一直強調，中國歷史上科舉的考試權是獨立於行政權而存在的，但從本質上看，科舉時代的考試權實際統歸於君權。科舉時代的考試管理，實行的是「部內制」管理體制，即在各級政府行政部門內附設機構進行考試管理。而民國文官考試，是向獨立的「部外制」考試管理系統演化，考試管理體制從「依附型」轉化為「獨立型」，考試權從君權和行政權中真正獨立出來。建立考試院作為國家最高考試機關，直接「掌理考試、使用、銓敘、考績、級俸、陞遷、保障、褒獎、撫恤、退休、養老等事項」。這種人類歷史上第一個集國家考試行政、考試業務、銓敘任用、考試研究於一體的獨立考試機構的建立和運行，使民國文官制度體系的建立速度大大加快。換句話說，儘管民國文官考試制度推行結果並不盡如人意，但如果沒有考試院的成立和考試權獨立行使，在動蕩的社會環境中，民國文官考試制度和文官制度的運行實效只會更糟。

民國文官考試制度的建立和發展，還試圖縫接因廢除科舉而斷裂的政治聯繫紐帶，從而對文官政治的恢復起到了推動作用。正如陳志讓所述，若以辛亥革命為界，此前的政權形態，為傳統的「紳軍政權」，即士紳在政權中占主導地位；此後的政權形態，則為「軍紳政權」〔註82〕。而造成這種民初的「軍焰燻天」，正與廢除科舉後維繫「文治社會」的制度不復存在有關。「科舉作為籠絡士子的名繮利索，曾牢牢地吸引著環繞其旋轉的游離的社會精英

─────────────────

〔註82〕參見陳志讓：《軍紳政權》前言，三聯書店 1980 年版。

分子，維持了政權的更新」〔註83〕，而廢除科舉後，社會政治聯繫的紐帶斷裂，文治社會出現嚴重裂痕，致使政權的「軍治」愈演愈烈。民國考試制度體系的建立，一方面用「考學」的教育考試和確定從業資格的專門職技人員考試來分流知識分子，以現代學制下的文憑機制鋪就入仕和就業的道路；另一方面，用文官考試直接聯繫起知識分子個人與政府的關係，增強政權的社會凝聚力和向心力，減緩上下對立、官民對衝的社會危機，並強化中央對地方的控制。這些努力，對民國文官制度的確立和推行是起到了積極作用的。民國文官考試在戰亂頻繁、社會動盪的背景下，能夠勉力舉行，特別是制度化地舉行，在一定程度上顯示出了規模效應和制度力量，這對民國重返「文治」、規範管理有著重要意義。

　　民國考試制度體系的確立，還使民國時期教育與考試的關係發生了變革。如本書第一章所述，科舉制下，「科目必由學校」（制舉另當別論），學校教育成爲科舉的附庸，學校考試與科舉考試也由此合而爲一。這種情形在近代發生了質的變化，學業考試與官員選拔考試逐步分離。第二次鴉片戰爭後，中國固有的「學校──科舉」培養選拔人才模式，受到外來文化的猛烈衝擊，西方文化和教育制度對中國進行了強有力的滲透和移植。19世紀60年代，伴隨著新式學堂的創立，近代學校的招生考試、學業考試由此產生。此後，新式教育的發展進一步推動了學校考試制度的發展；科舉廢止後，學校推廣速度加快。而進入民國後，直接學習西方和日本的新學制頒行，其中明確規定了學校考試辦法，將考試權下移到學校，同時又注意利用考試對教育的督導功能，各級各類學校建立了用考試銜接不同層次教育的制度，促使新的學校考試制度最終確立。在對考試統攝教育的反覆批判和反思中，民國時期政府每一次建立「統一考試」的努力都會招致懷疑、批評甚至抨擊，它反映了人們對考試與教育的關係認識進入到一個新的層次；以選官考試統制教育的情形，伴隨科舉而一去不返。同時，來自西方的近代學制和考試文化包括考試理論與技術，又或多或少地經過了本土化的轉換，並在探索和發展的過程中逐漸形成新的民族特色〔註84〕。

〔註83〕 袁立春：《論廢科舉與社會現代化》，《廣東社會科學》1990年第1期。

〔註84〕 比如南京國民政府時期高校招生考試的多樣化探索，政府對招生學科類別的有力調控，以及會考、學業競試等考試制度的新創，都是結合中國傳統考試文化，在學習西方考試文化過程中的創新。

第三，革新了考試選才標準，更新了考試內容，在考試理論、考試方式方法方面進行了卓有成效的探索，推動了中國考試理論、方法與技術的進步。

傳統科舉考試秉持通才的選才標準，以經義取士，儒家經典是考試的主要內容。而民國考試在考試要求、入選標準方面，由文化知識掌握數量多寡、熟練程度，向應用所學知識，分析解決實際問題的現實能力和技能轉化，考試內容則向近代文化科技知識轉化。

西方國家近代考試制度體系，包括教育考試與文官考試、職業資格考試，是建立在完整的教育制度體系和法理型民主政治基礎之上的。民國時期，教育制度和政治制度同樣處於轉型時期。與此相適應，民國學校考試自然是依據各級各類學校的教育內容來考試，而文官考試，則在標準和內容方面也依據教育發展情況進行改變。進入民國時期，發展近代學校教育已近半個世紀，文官考試的應考者，早已以各級各類學校畢業生爲主體；考試設類分科，類、科皆以社會分工、職業發展要求爲原則設立，而考試內容，則根據學校教育的科目課程和內容來設定。清末民初，西方社會科學和自然科學大量傳入中國，學生學習面大爲擴展，知識結構出現了新的更爲合理的組合。一項對清末民初新式小學、中學與師範學校課程結構、內容的統計分析表明，清末普通學校裏，傳統知識的讀經課程所佔比重爲 27.1%，數、理、化、外語等新知識類課程已占 72.9%。到民國初年，傳統讀經課程已減少爲 8.4%，而新知識類課程竟達 91.6%。〔註85〕在此基礎上，民國考試內容出現了質的變化，總體上無論教育考試還是文官考試，都已改變了以「四書五經」和八股文爲內容主體的局面，開始以現代科學知識和人文知識爲考查主體。「從考試科目來看，教育考試基本上形成了與今天相似的學科體系，文官考試則依據不同的考試類別確定了更加細緻的考試科目。從試題內容看，既包括各學科基本知識，也關注運用理論和知識解決問題的能力。」〔註86〕

民國考試在考試方式變革上，也取得了巨大的進步。考試方式有兩層含義，一是分類、分級或分場考試的辦法；二是考試所採用的形式，主要分筆試、面試、實踐操作等。從宏觀制度層面上講，民國時期將考試分爲社會選拔考試和學校考試；社會選拔考試又分爲公職候選人考試、專門職業及技術

〔註85〕參見袁立春：《論廢科舉與社會現代化》，《廣東社會科學》1990 年第 1 期。
〔註86〕王奇生主編：《中國考試通史》卷四（民國），首都師範大學出版社 2003 年版，
　　　　第 4 頁。

人員考試和任命人員考試，任命人員考試又分爲高等考試、普通考試和特種考試。這種分類和分級，適應了社會發展對人才分類、分級、分專業的要求，也是近代專業教育發展的必然結果。從微觀層面上講，民國文官考試又經過了從分場淘汰、分試淘汰到合多場成績定錄取的變化，以筆試爲主，並輔以口試測驗或實地考試等方法進行考試。民國考試採用筆試、面試乃至實驗和實地考試等到多種方式，取代了科舉的單一紙筆考試，代表了考試方式的進步。中國傳統的紙筆考試歷時千年，人們漸漸養成只有試卷才是公平客觀的這一觀念。其實，「一決於朱卷」的觀念，只是源自對筆試表面的客觀性的認同。因爲古代科舉筆試試題除墨義、貼經等之外，策問、八股均爲文章考試，是主觀性試題，其客觀表徵不過是將人的思維水平和文章能力固化於一紙試卷，可觸可視，較之口試，決定於恍惚之間，更「像」客觀一些而已。因此，民國時期對文官考試包括有的學校的招生考試，重行面試，在考試方式方法上是一個巨大的進步，畢竟，考試又從僅僅「衡文」，開始走向既「衡文」也「衡人」——面對活生生的人，總能比僅面對試卷得到更爲豐富的信息。

此外，在考試管理和技術方面，民國考試也有長足的進步。在考試評卷環節，評判標準由模糊到精確，引入並廣泛推行了百分制計分法，而且並不以一次考試爲最終結果，而是建立了分場考試（或分期考試）綜合計分的方法〔註 87〕，各種評卷標準和辦法都更爲詳細和周密；在考務管理方面，也建立了詳細的考務管理規定，程序嚴密，分工清晰，從機構設置、人員配置到各種職責、任務，都依法規設計實施，科學化、規範化程度有所提高。

二、民國考試制度轉型的歷史局限

上述民國考試制度在轉型和重構的過程中取得的成就，並不意味著民國時期中國考試向現代考試制度的轉型已獲得成功。有史家認爲對「中國考試制度從傳統向現代轉型」這一提法應該審慎對待〔註 88〕，筆者認爲，這是一種冷靜的態度。特別是考慮到直到今天，我們仍未能建立現代意義上的公務員考試制度。舉辦了幾十年的高考、公務員考試等高利害考試，尙無可供依憑的專門法律，因此，我們對民國考試制度的轉型與重構就不宜持有過高的

〔註87〕 參見本書第三章和第四章對考試計分方法的介紹。
〔註88〕 參見王奇生主編：《中國考試通史》卷四（民國），序言，首都師範大學出版社 2003 年版。

估計。在充分考慮其面臨的歷史背景和社會環境的前提下，民國考試制度在以下幾個方面表現出歷史局限性，影響了其轉型的徹底性和功效。

第一，文官考試的實施環境與制度設計存在較大差異，距離創設和實施考試制度的目的尚存較大距離，極大地阻滯了民國考試制度的轉型進程。

民國文官考試的制度設計，要求所有的政府任命人員包括公職候選人，都要通過考試產生，並通過考試及格人員的任用，逐步達到所有政府公職人員都是經過考試選拔的；在組織體繫上，是通過設立考試院，統一管理文官考試的選拔和任用，將各行政部門的人事權剝離出來，集中到考試院統一行使。但是正如本章第三節所述，干擾考選制度實施的因素複雜而繁多。歷史事實是，一方面通過考試選拔的公職人員數量極爲有限，另一方面是這些有限的人員也得不到很好的任用。因而使民國文官考試的運作實效遠沒有達到制度設計的效果，所以說，文官考試制度的文本意義大於運作實效。

制度的「效力和實效及其程度與制度本身的狀況相關，它取決於制度的時空特性，取決於制度框架留給人們怎樣的活動空間，取決於制度規則的健全完善與否」〔註89〕。民國考試制度本身面臨的特定時間和空間限制，就是中國尚處於封建社會向近代社會轉型的歷史時期。社會發展雖然提出了建立近代考試制度的要求，但其實施環境本身都有待完善；戰亂動盪的局面，也幾乎塡滿了民國的全部歷史時期，因而考試制度缺少實施的必要穩定條件；政治轉型的不徹底，也使國民黨的黨化軍治嚴重影響了考試制度的實施效果。

第二，民國考試制度本身也存在嚴重缺陷，影響了其選賢任能、獎學勵才功能的發揮。

首先，公職候選人考試被認爲在法理上存在矛盾。因爲孫中山不僅主張考選事務官，還主張考選政務官，議員等公職候選人均要通過考試產生。而近代民主政治發展的共同規律，是政務官由選舉產生，事務官由考試產生。民國政治制度的設計者們，「一方面認爲需要『考試』選拔更有德行才智的議員，一方面又追求直接民權」〔註90〕。這其中的一個最明顯的矛盾，就是若考試合格可以參加選舉，則公民的被選舉權受到了限制；若先選舉再考試，民眾直選的議員考試不合格，豈不是考試否定了民意？1946 年 2 月 26 日《解放日報》就曾發表評論批評公職候選人考試，認爲這一考試剝奪了人民的選

〔註89〕魯鵬：《制度與發展關係研究》，人民出版社 2002 年版，第 247 頁。
〔註90〕鄧麗蘭：《域外觀念與本土政制變遷》，中國人民大學出版社 2003 年版，第 53 頁。

舉權與被選舉權。〔註91〕這一年南京國民政府通過的《憲法》，也取消了公職候選人考試。

其次，法律規定應受考試人員範圍過大。制度固然嚴密，但卻缺少保證實施的條件，嚴重影響實施效果。當時就有人明確指出：按照民國考試法律的有關規定，「全國大小官吏，及大部分自由職業者，均須經過考試。就理論言之，如此未始不美，惜事實上，今日考試院之工作，……然即任命人員之正式經過考試者，亦千萬人難覓一二。此種理論與實事相距太遠之狀態，最能使執政者感到困難，故為合乎實際起見，考試院應重行釐訂暫行考試法規，縮小應受考試人員之範圍，而嚴屬實行之」，「若照目前馬虎狀態，一味敷衍下去，徒享其名而不具事實，則考試院之功能，不知何年何月姑能見到也」〔註92〕。

在教育考試方面，也存在制度制定過於寬泛、嚴密而實施條件不充分、影響實施實效的情況。如南京政府時期規定畢業考試權收歸政府，要求政府主持學校畢業考試，其實難以做到，最終流於形式，反而對制度的嚴肅性造成影響。

第三，考試制度實施過程中出現的考試內容、考試程序方面的問題，也影響了考試的實施效果。

民國文官考試中，充斥著封建復古氣息，未能擺脫封建思想的影響，這是制度轉型並不徹底的佐證之一。在戴季陶思想指導下，國文列為文官考試第一試的重點科目，試題內容大都出典於「四書五經」之中，許多文題古舊呆板。〔註93〕當然，考試內容中加入傳統文化經典是無可非議的〔註94〕，但國文考試幾乎以經義為全部的考試內容，則明顯限制了內容的多樣性和豐富性。更為嚴重的是，黨義科目成為必考重要科目等「黨化考試」措施，將國家考試變成箝制意識形態的工具，大大降低了民國文官考試的公信力。在考

〔註91〕《剝奪人民選舉權與被選舉權的公民宣誓與公職候選人考試》，載《解放日報》1946 年 2 月 26 日。
〔註92〕《我國現行考試制度述評》，載《東吳學報》第四卷第 2 期，1937 年，作者不詳。
〔註93〕參見本書第二章、第三章關於戴季陶考試思想和文官考試內容部分的論述。
〔註94〕有論者認為「這些做法都使中國傳統文化在西方教育思想不斷衝擊下仍可以在考試制度中得以縷縷薪盡火傳。」參見李濤：《一次悲劇性的制度移植——南京國民政府文官考試制度述論》，《中共浙江省委學校學報》，2000 年第 6 期。

試過程中，文官考試還模仿科舉考試的繁文縟節，採行入闈和扃闈方式，「這已有悖於當時的民主自由的潮流」。〔註95〕在教育考試中，這方面的問題則更多地集中在考試方式、程序方面，如中學畢業會考難度把握的進退失據，學業競試中曾將黨義作為必考科目，以及將蔣介石的《中國的命運》一書作為唯一考試內容等，都是導致原本充滿創新活力的考試實踐走向呆滯和死亡的重要原因。

〔註95〕經盛鴻、徐俊文：《南京國民政府高等文官考試制度述論》，《南京師大學報（社會科學版）》，1994 年第 2 期。

結　語

　　民國考試的發展，促進了中國封建文化向現代世界文化的轉軌，促進了中西考試文化的交流，從大的範圍講，更推動了中國民族文化與人類文化的溝通和融合。民國考試體系的構建，又是繼承中國傳統考試文化的過程。考試權獨立既脫胎於傳統考試管理體制，又實現了考試地位和考試管理體制的歷史性變革，其意義雖有爭議而無定評，卻對當今考試文化的建設和發展有重要啟示意義。而考試法規體系的構建，則打破了以行政手段治考的僵化局面，開闢了立法治考的新格局。考試制度創建中以立法爲先的實踐，代表了人類社會國家機器存在時期實施考試方式的必然走向。鑒往知來，在我國當代全力建設社會主義社會選拔考試和教育考試的存在新階段，正確對待民國考試這份文化遺產，廓清其演變發展的歷史軌迹，深入探究其成因，揭示其變化規律，對我國新時期考試制度的完善和發展，有著重要的現實意義。

一、考試是促進社會發展的重要機制

　　考試自產生以來，尤其是反映社會主體價值觀、體現國家意志，事關人及社會發展利害得失的大型考試產生以後，關於考試的存與廢、考試質量的優與劣、考試功用的利與弊等問題的爭論就沒有停止過，考試也就在這不息的爭論中立、廢、復立，直至無可撼動地在現代社會站穩腳跟。誠如有人感歎的那樣：「考試猶如水火。人沒有水、火，無法生活，⋯⋯然而水、火也能成爲人類的大禍。」〔註1〕伴隨近代中國社會轉型的民國考試發展歷史表明：

〔註1〕沈起煒：《說考——一個歷史老師對考試問題的看法》，《上海教育學院學報》（社科版），1984 年第 1 期。

社會發展需要考試，人的發展需要考試；考試能夠促進人和社會的發展；倘若違背考試規律、隨意濫用考試，又會贻害人才，以至延緩、阻礙人類社會發展進程。

考試作爲一種社會活動，與人類社會的發展互爲依存、相互促進。民國時期中國考試制度從傳統向現代艱難轉型的過程充分說明，考試的發展須有社會母系統的推動；而考試功用的發揮又作用於人類社會的多個方面，從而成爲推動社會發展的一種重要機制。〔註2〕

第一，考試能促進社會政治、經濟和文化環境的優化，但若統治者背離社會發展方向，考試又會對社會政治經濟和文化發展產生消極影響

考試，尤其是國家考試，是政治制度的組成部分，它是強化政府凝聚力、貫徹國家意志、保持社會穩定的重要手段。它通過政策、法規、標準、內容等，推行主流價值觀，體現國家意志，促使民衆與政府在意志指向上趨同，進而維護政局穩定。就民國考試實施而言，民國政府當局通過考試立法，極大地開放和保障人民的考試權，積極宣傳資產階級民主法制等進步的政治意識，同時文官考試和學校考試也就通過三民主義和近代科學知識的傳播，促進了民智覺醒和社會政治發展；而統治階級的政治意識背離社會政治發展方向時，以國家考試的名義出現的種種政治意識灌輸，便招致社會強烈的反彈，反而對社會政治演進產生消極影響。民初袁世凱出於復辟帝制需要而在文官考試中將經義列入必考科目，並實行文官觀見制度和文官授秩，其散發出來濃厚的封建復古氣息，反而成爲其喪失人心、加速覆滅的因素；抗戰勝利後，以學科知識和能力爲考試主體的學業競試，被南京國民政府教育部將蔣介石《中國之命運》改爲唯一競試內容後，則受到高校和學生的抵制，原本激勵學生刻苦學習、促進各校教學水平提高的一種考試創舉，就此被專制政治扼殺。這些例證都充分說明，現代考試制度的推行，固然能起到凝聚人心、強化國家意志的作用，但它首先需要一個向著先進政治文化方向演進的政治環境。

考試通過有效開發人力資源、優化資源配置，從多方面促進經濟環境的改善。如通過考試的有效篩選和以考促學促進人力資源擴大，將社會隱形人才變爲顯形人才，加速勞動力資源向人力資源的轉化，從而提高經濟效益。

〔註2〕參見廖平勝：《關於考試與人類社會發展的幾點思考》，《湖北招生考試》（理論版）2003年第12期。

筆者在相關章節已指出，民國時期舉行的檢定考試和招生考試中招收一定比例同等學力者的做法，繼承了中國歷史上鼓勵自學成才、以考促學的優秀傳統，在一定程度上彌補了民初教育發展的不足和教育資源分配不公，也擴大了人才選拔範圍，用考試這個投入較少的方式換取了更大的社會和經濟效益。

儘管不同時期的民國文官考試和教育考試中都規定了一些經義的考試內容，國文考試只准用文言，顯出了在考試內容方面轉型的不徹底性。但作爲轉型時期的考試制度，這種做法從某種程度上說又起到了接續傳統文化的效果。考試本是一種文化活動，它在人類社會主文化的養育中成長壯大。「一方面，考試作爲亞文化受到主文化的制約：考試制度的出現是民族文化發展到一定歷史階段的產物，文化決定著考試的內容，作爲文化核心的價值觀念更是深深地影響著考試的價值取向和功用。另一方面，考試給文化以強烈的反作用，它作爲載體對文化的傳承起著選擇和強化作用，對文化的活化和再生具有促進作用，並能夠推進文化的交流與融合。」〔註3〕我們可以想像，若具有強烈導向作用的民國文官考試均改變作文只准用文言和其他科目「文言白話均可」的規定〔註4〕，「徹底轉型」地只准使用白話文作文和答題，那麼我們的國學會不會消失得更快？在當今這個「考什麼，教什麼」的應試教育時代，考試內容的規定性對傳承、保護文化的作用尤應加以注意。

第二，考試促進社會流動的合理調控，但社會階層之間的開放和平等進入，必須通過必要的政策制定和制度安排

社會流動和社會分工是人類社會發展的客觀需求，尤其是在民國時期這樣由傳統社會向現代社會轉型的過程中，由於經濟的發展、產業結構的調整，新的職業類型大量出現，使得向上的流動量同以往相比，顯然在不斷增加。在這樣的情況下，使社會階層之間保持著一種相互開放和平等進入的公正狀態，既符合歷史發展的趨勢，也有助於促成有益的社會流動。而且，社會流動過程中，往往還存在著許多矛盾，如流動者主觀目標與實現目標能力間的不對應、個體發展需求與社會整體發展需求的差異等等，這便需要對流動個體的身心素質水平進行檢測，並對流動個體進行引導。「自人類社會出現分工以來，尤其是強制性腦體分工產生以後，以測度、甄別、評價人的身心素質水平個體差異爲本質職能的考試，就始終是調控社會流動的流量、流向，規

〔註3〕胡向東：《考試的實踐與探索》，華中師範大學出版社2002年版，第298頁。
〔註4〕參見張契靈編：《第一屆高等考試試題》，便學書社印行，1932年。

範流動行為，調配社會職位，促進社會流動合理化的基本手段之一。」〔註5〕歷史證明，考試是可以承擔這個任務，為社會流動的合理化提供調控依據和方法的。南京國民政府後期設立專門職業技術人員的特種考試，即可視為這方面的一種有效的努力。

但是，考試固然可以調節人才供求標準，促使需求與供給有機結合，緩解因育才滯後或超前與社會對人才實際需求的矛盾，但若僅有考試而不能保證考試實施過程中的公正公平，不能保證考試結果的有效使用，考試的作用就會減失。所以一個社會，應當通過必要的政策制定和制度安排，來保證社會階層之間開放和平等進入的狀況。

第三，考試可以促進教育發展的價值取向走向科學化，但放大考試對教育的督導作用會反過來戕害教育

在教育活動中，考試是動力機制和評價手段，同時也是育才手段和導向機制。凡是符合教育和人的發展規律的考試，便能為受教育者創設達標、爭優的機會與條件，使受教育者的成長處於提高素質、發展智慧的動態性競爭狀態，推動受教育者分流分層，進入恰當的受教育渠道，在連續不斷的競爭中步步趨向社會提出的人才標準。

國家通過控制考試調節教育標準。考試以國家意志為指向，以社會價值尺度為標準，以社會對人才的實際需求為依據，通過與育才目標的一致和職能的獨立，敦促教育按需設教，因需育才，並與所處時代物質與精神文明建設的價值需要相銜接。具體到教育管理中，無論是各級各類學校生員的選拔，教育對象的分流，還是教學進程、教學質量和教育標準的掌控，以及自身工作成效的瞭解和相關政策依據的獲取，也都需要借助考試的手段來實現。

民國時期的教育考試經歷了考試功能在教育發展中如何運用的矛盾運動，也留下了正反兩個方面的例證。當民初學校發展進入快速但是比較混亂的時期時，考試對教學的督導和檢測作用，往往近乎於廢弛；而南京國民政府建立後上收考試權，由政府舉辦或督辦統一考試，也很快就收到了整頓教學、整齊水平的功效。但是，這一時期也曾對考試賦予了過於沉重的責任，尤其是政府希望達到思想鉗制、控制學生的目的時，考試的功能被人為放大，

〔註 5〕楊學為、廖平勝：《考試社會學問題研究》，華中師範大學出版社 2003 年版，第 176 頁。

會考、學業競試等統一考試就走向了教育的反面，使教育走入了應試和思想灌輸的誤區。

考試貫穿教育的始終，兩者相輔相成；只要教育是一種永恆的存在，考試則同樣是人類社會永恆的範疇。但是，它們又是總處於矛盾運動之中。歷史上科舉考試與學校教育的矛盾運動最終以興學堂、廢科舉爲結局；「五四」時期也曾有人主張徹底廢除考試，但人們很快就發現，考試是不可或缺的。隨著現代社會中經濟文化發展更快，社會分工加劇，人們更離不開考試了。於是，重建考試制度，發揮其功能。而由於人們普遍認可考試所具有的公平性，因而往往又會過分強化考試的功能，使得考試特別是大規模統一考試，在實施中具備了「擴張性」的特性，考試範圍被擴大，考試標準被統一，漸趨於用考試這把尺子量所有人，而且把考試變成了那把唯一的尺子。教育在這個過程中就逐漸被異化成了考試培訓機器。當它竭盡全力也無法適應考試的要求時，廢考之聲再起，於是考試走向新一輪的廢與存。「歷史是不重現的，而人類之愚偏去重現歷史」〔註6〕，但願人們在對考試雙刃劍功用的反思中，不再重現那些不該重現的歷史。

二、考試制度需要與之相宜的運行環境

考試制度屬於政治制度範疇。它的成敗，不僅與自身的設計和執行密切相關，而且更取決於是否具備適宜其運行的客觀條件和文化環境。民國文官考試制度運行失敗的教訓，對當今中國社會建立眞正意義上的公務員考試制度是有著重要借鑒意義的。

中國的封建政治體制，嚴格地講，從 1905 年科舉廢止就已經開始崩潰了。1912 年帝制被推翻，又加速了中國傳統社會政治秩序和文化秩序的瓦解。傳統的政治、社會整合機制從法理上講，已不再具有合法性；從性質上講，則更是無法適應新型經濟社會的發展要求，有效性也喪失殆盡。「禮崩樂壞」之際，社會各階層的分化、分裂和對抗也日趨激烈。進入 20 世紀 20 年代後，國民黨地方實力派和中國共產黨兩種力量不斷對中央政府發出挑戰，一批知識分子也提出了建立西式的民主政治體制的要求。南京國民政府在必須不斷應對的同時，面臨著重建新的政治制度結構的任務。但是，由於蔣介石國民黨政府是依靠軍事力量建立的、代表大資產階級和軍事集團利益的政權，

〔註6〕傅斯年：《今天和一九一四》，《大公報》1934 年 2 月 18 日。

在封建專制主義陰魂不散之際，它本能地排斥民主建國理念，提出了「軍政」、「訓政」等理論為其統治作支撐。因此它對政治現代化挑戰的回應，也必然是蒼白無力的。它選擇了「黨治為表、軍治為裏」的「以黨治國」訓政體制，希圖通過這種具有較強控制力的權威體制，建立穩定的政治秩序，克服自民初以來就存在的政權合法性危機。這種藉武力建立的政權，既無「法統」傳遞下來的神聖感，亦無超凡的個人魅力可令大眾產生歸順之心。雖然它在時代潮流的裹挾之下也建立了一套從西方搬來的政治和法律制度，卻無力扼制本身所代表的階級集團攫取最大限度的社會財富和利益的本能衝動，因而制度所倡導的民主和法制變得只具有招牌意義。加之戰亂不斷，政權搖搖欲墜，地方實力派和派系之間的爭奪，也沒有留給公平、科學的文官制度以真正推行的空間。從這個角度看，民國文官考試制度的重構失敗，幾乎是命定的。

民國時期考試制度轉型的經驗啓示我們，作為政治制度的一個重要的組成部分，考試制度不可能獨立於政治制度之外，只能受制於政治體制。現代公務員考試制度，若要達到制度設計的能效，必須擁有適宜的運行環境。常有人質疑，為什麼科舉的「公開平等、競爭擇優」的本質精神西傳後為西方國家所借取，而在西方國家實施順利的公務員制度，移植到中國後，就明顯退化或異化？原因其實很簡單：畢竟，以科舉為代表的傳統考試制度僅限於對文官的任職資格進行認定，它的政治基礎可以是民主政治，也可以是專制政治；而公務員制度是一個包括官員的考試、任用、考績、待遇等所有有關規定在內的一套完整的體系，它只能在民主的政治基礎和市場化的經濟基礎上，才能得到真正的實施。簡而言之，現代公務員考試制度的實施環境，需要市場經濟的土壤，民主政治的體制，職能適度的政府和健全的法治社會。

現代文官制度產生於西方的最根本、最重要的原因和條件，是西方具備發育成熟的市場經濟的社會經濟環境。市場經濟的運行以市場高度發育為前提，以市場機制為主要調節手段，它能夠使商品經濟自覺地達到自組織、自協調的狀態。這種經濟的運行法則，是嚴格意義的價值規律。為了使隱藏在產權背後的利益驅使得以外化，經濟主體須基於收益預期，遵守互利原則而與其他經濟主體進行交易。這種交易，必須是自主的、自願的和互利的。而且市場經濟還要求參與交易的經濟主體，須有足夠的預期成本，即由違約、欺詐等引起的損害賠償、違約金等等，來作為對抗侵權行為的最後行訴權。這種權力的行使是保證交易最終恪守契約、順利進行的重要手段，它往往需

要通過合理、合法的政府管制才能實現。市場經濟的土壤產生有限政府，這個有限政府應順應市場經濟克服市場缺陷、保證其正常運行的內在要求，並通過保證明確的所有權、自主的交易權和必要的管制權，來完善市場機制；又通過保證財產權利擺脫對行政權力的依附，形成普遍尊重財產權利、普遍遵守社會契約、社會規則的觀念和行爲傳統。

　　現代社會的政治制度，建基於「政道民主」的基礎之上，政權來源必須合法。它以人民主權原則代替皇權專制主義，權力的公共性爲權力的公共使用提供根本條件。中國傳統社會只有「治道民主」，只有社會政治事務實際治理層面的民主傾向，因此選拔出來的人才，只是服務於專斷地擁有國家權力的君主。因此人才也就不可能有足夠的才能發揮空間。本來帶有民主傾向的科舉制度，就是由此注定必然走向它目的的反面：由「擇才」始而以「害才」終。因此，只有建立民主制度，解決權力正當來源問題，才足以爲治理層面的選拔人才的公務員制度提供基本制度前提和合理性保證。從這個意義上說，今天我國開展公開選拔黨政領導幹部（簡稱公選），也必須達到一些公共性要求。其中最重要的，就是「現行的公選還必須推進到『人民選舉』的地步，才能眞正保證公選的公共性」。﹝註7﹞2005 年是科舉廢除 100 年，有學者提出要「爲科舉平反」，也有人未能辨析科舉制與現代公務員考試制度的根本不同，開出了以考試解決幹部選任腐敗的藥方。﹝註8﹞他們忽略的正是現代公務員制度必須的實施基礎環境。正如秦暉先生所論述：「公務員任職資格考試作爲選拔官員（主要是初入仕途的事務官員）的技術手段，如果不是最好的，至少也是必不可少的。傳統科舉考試在這方面的確能給人以不少啓示。但這一技術手段受基本政治制度（主要是統治合法性的產生機制）制約，正是由於這種制約，科舉官僚體系在『官』無選舉、『吏』無考試這兩點上都根本迥異於現代文官制度，它的積弊及最後被廢除都有其內在原因，並不能全歸咎於『全盤西化』或『激進主義』。最重要的是：科舉官僚制的政治哲學基礎是強調『大共同體本位』（君國本位）的傳統法家政治理念（因此我認爲有必要重新審視所謂儒家文化及其相關概念，諸如性善論、家族本位與『德治』理念等在『中國傳統』中的實際地位，至少它與書本上的地位大異其趣）。它與

﹝註7﹞任劍濤：《公選與權力開放》，載《新華文摘》2005 年第 4 期。
﹝註8﹞參見胡向東：《贊成立學，愼言平反──百年過後說科舉》，載《湖北招生考試（理論版）》2006 年第 2 期。

以個人本位（在法理上即公民權利本位）爲政治哲學基礎的西方文官制由於都排斥『小共同體本位』（家族、社區或利益集團本位），因而可能會有某些技術上的相似。但兩者在深層次上的根本區別卻可能比它們各自與『小共同體本位』的距離更大。因此，繞開深層次的變革直接借助於那些技術上的相似而從傳統官制跨入現代文官制度，恐怕是一廂情願的空想。在科舉制退出歷史舞臺百年之後，客觀地重新評價這一制度並在技術意義上借鑒科舉制是完全必要的，但作爲歷史問題我們不應借弘揚所謂『保守主義』而完全否定『廢科舉』，作爲現實問題我們更不能指望僅靠考試取官就能解決政治體制現代化的出路。」〔註9〕論的雖是科舉，但也道出了民國考試制度實施成效不佳的根本原因，指明了考試制度運行必須的社會環境。

不過，我們也不能因爲缺乏實行現代公務員考試制度的環境，就否認制度建設本身。誠如有的學者在議論 1946 年民國憲政改革時所說，只要我們能有這個制度，則總勝過我們沒有這個制度。如果大家能夠腳踏實地就問題的本身想解決問題的辦法，則假以時日，這個制度終有一天會爲大多數國民所接受的。當然，「更不能因爲有人把持，便根本懷疑這個制度的本身，而放棄推行這個制度的努力」〔註10〕。評價民國考試制度轉型的努力應如此，對待今天建設現代公務員制度和民主政治制度也應如此。

三、加強考試科學化建設，尊重考試發展規律

考試是一門科學。既然在人類發展的現階段和今後可以預見的相當長的一段時期內，社會發展和人的發展還離不開考試，那麼，就需要以科學的態度和方法來研究考試、實施考試。在考試設計和實施的過程中，既要克服把考試僅僅作爲標榜公平的手段，也要防止擴大考試功能、濫用考試，確保考試科學地發揮其功能，服務於社會和人的發展。

其一，考試自身科學化，是社會和人的發展對其提出的必然要求

既然經濟競爭的實質是人力資本的競爭，社會物質與精神文明發展的進程，最根本的是取決於人力資源的質量及其配置的合理和使用的成效，而其基礎又在於教育的健康持續發展和考試的科學化，那麼，考試在社會發展中，

〔註 9〕 秦暉：《傳統科舉制的技術、制度與政治哲學涵義——兼論科舉制與現代文官制度的根本差異》，《戰略與管理》1996 年第 6 期。

〔註10〕 郭叔壬：《憲政與中國文化》，《觀察》第四卷第 3 期，1947 年，轉引自謝泳：《儲安平與〈觀察〉》，中國社會出版社 2005 年版，第 93 頁。

也就佔據著越來越重要的地位。爲了實現現代化的歷史轉變，教育必須改革，考試也必須改革。「我們必須正確對待歷史的考試，改革現在的考試。而要總結歷史的經驗，改革現在的考試，創造未來的考試，最關鍵的是必須有正確的指導思想，有科學的評價標準和方法」〔註11〕科舉考試千餘年來面目依舊，很大程度上是主持者認爲考試選才僅是手段之一，對考試本身並不進行研究和探討，歷代統治者僅僅從標榜公平出發，重點關注考場防弊，使科舉選才的目的反而在維護公平、防止舞弊的密法嚴規中迷失了。從蘇東坡認爲無論考試策論還是詩賦都未必能選出眞才，從清鄂爾泰反駁舒赫德時所說「故立法取士，不過如是」，到戴季陶的堅持不改變傳統題型，如此等等，均說明中國歷史上長期缺少對考試的科學認識和對考試本身的科學化建設。儘管民國時期教育考試進行了一系列的探索和革新，但影響範圍和效力都不容過高估計。至於文官考試，儘管它佔據著國人關注的主要視線，但在考試科學性建設方面並未比教育考試走得更遠。其在理論和技術方法方面缺少革新、改造，不僅對制度推行產生了負向作用，而且成爲影響民國文官考試效度的重要原因之一。

進入20世紀下半葉以來，在一些發達的西方國家，基於現代科學給人類社會帶來昌明的事實，以及爲時代發展賦予考試以新的歷史使命的客觀需求所促動，已將考試理論的更新、考試方法的改進，視爲應對新技術革命挑戰戰略決策研究的重大理論課題。在對考試研究的認識上，出現了由方法手段探討轉向專門學問研究的歷史性飛躍。與此變化相呼應，考試產業越做越大，考試服務越來越科學化、人性化，考試文化也成爲發達國家輸出文化的重要內容。在現代化道路上奮力前行的中國，更需要科學地繼承包括民國考試制度在內的考試文化遺產，不斷更新考試觀念，改革考試模式和考試制度，使中國當代考試適應社會和人的發展要求。

其二，科學評價考試的利弊，防止濫用統一考試和放大考試功能

考試確如有人所形容的那樣，「既是選拔人才的『高明之法』，又是戕害身心的『酷刑』」〔註12〕。統一考試達到了公平競爭的目的，卻不可避免地會遺漏某些特殊人才；而考試所必須具有的「標準答案」，又會在一定程度上限

〔註11〕 楊學爲：《中國需要考試學》，載劉海峰等著《中國考試發展史》，華中師範大學出版社2003年版，第4頁。
〔註12〕 田建榮：《中國考試思想史》，商務印書館2004年版，第370頁。

制人們的個性和求異思維的發展。民國考試繼承了傳統中國考試文化公開平等、競爭擇優的本質精神，多以統一考試方式選才取士，在教育管理上也力圖以統一考試整齊程度、統一標準。這當然取得了一定的效果，標舉了社會公平和教育公平。但是，在考試科學化程度不高的情況下，統一考試，特別是大規模統一考試，必須慎用。因爲這種統一考試，建立於一系列的假定之上，如：考試需要測量的每一個目標都是可測的；試題是科學的，足夠測量出需要測量的目標；閱卷評價是客觀的，誤差控制在不足以影響正確判斷的範圍之內，等等。而即使在當今社會，這些假設都未必能夠在大規模考試中得到驗證。這樣一來，統一考試在自身並不能保證科學的前提下，把原本需要長期實踐考察才能確定的人才，不問起點地集中在一起，在統一的時間、地點，採取統一的方式進行檢測，又運用統一的評價標準，通過貌似精確的評分系統加以評價和標識，其局限性是可想而知的。

更可怕的後果是，大規模考試往往對教育發展和人才培養標準產生強大的導向作用。政府鑒於這種作用的客觀存在，又會在其中附加意識形態的控制目標和傳播主流文化的重任，這便使得考試功能被人爲放大，教育的應試化傾向被強化，考試本身則不堪重負，最終又會走向新一輪的革廢。這種教訓古今中外都不鮮見。劉海峰在討論科舉被廢原因時就曾指出：「科舉制的目的是選官，但科舉的功能不僅僅是選官，它既要面向職官系統，也與社會秩序的維繫、文化傳統的傳承和教育活動的開展密切相關，當其影響擴大到無孔不入的程度時，利弊都被充分放大，結果使其自身成爲中國帝制時代後期矛盾的集合點。」〔註13〕民國考試制度的設計，最初是要涵蓋一切公職人員和自由職業者，功能被放大到無法完全實現，最終導致制度失靈和人民失去對考試的信任。美國教育測量專家 W.James Popham 在研究美國教育考試現狀時，曾憂心忡忡地說：「我認爲教育領域本身就存在著根本的困惑。我們允許學生的測驗分數成爲判斷教育效果的指標，我們也不能阻止以標準化測驗來判斷教育質量的嚴重誤用，我們讓這一切順其自然地發生。更加讓人憂傷的是，我們也會讓這一切在孩子們身上順其自然地發生，這是我們應該感到羞愧的地方。」〔註14〕在當代中國，負擔最重的當屬高考。面對社會火力愈發

〔註13〕劉海峰：《科舉學導論》，華中師範大學出版社2005年版，第399頁。
〔註14〕〔美〕W.James Popham 著：《測驗的反思——對高利害測驗的建議》，中國輕工業出版社2005年版，第22頁。

強大的批評，教育和考試當局想改革而無法改、改也改得不如人意，最重要的原因，就是由於教育評價方式單一地依靠考試，高考幾乎集中了選拔合格新生、評價中學教育、貫徹教育方針、強化國家意志、標榜社會公平等各項功能，使其每一個改革「小動作」都會引起「大反應」，高考改革也因此幾乎走入死胡同。

其三，防止以公平為目的和追求「簡便易行」的辦考模式戕害考試本身

考試之所以為人類所樂於運用，其具備公平的特性和相對簡便的特點，是其中一個重要原因。正如本書在第一章討論科舉自身的僵化時曾指出的那樣，科舉考試曾因一味追求過程的公平而反噬自身，將求才的目的迷失於防止舞弊的繁瑣之中。民國文官考試的運行過程中，也曾出現此種迷失，如戴季陶對局闈制度的強調和突出整個考試錄取過程的儀式感。這固然向社會昭示了文官考試的公平，但弘揚公平的過程耗去辦考者的主要精力時，對考試的科學實施來說，卻並非佳音。

追求公平，往往要求統一標準、統一操作、統一評判，而「統一」的過程必然提出簡便易行的要求。求簡求易，因而成為中國考試歷史上一個明顯的辦考傾向，對今天的考試發展仍產生著不良作用。反對考試者曾點明這一點：「考試是一種人才選擇機制，它在被普遍地運用著，並不是因為它絕對準確，而是因為比較簡便。從根本上來說，人才的選拔，最可靠的辦法並不是考試，而是實踐。」〔註 15〕這種求簡求易、單純追求公平的傾向，曾使科舉的科目從上百個簡化到一二個，考察人才的方式從筆試、面試、調查研究（如「兼採時望」）簡化到只有筆試……考試是可以做到所謂「統一」「公平」了，公平卻只剩下了形式上的意義，求才的本旨卻迷失在所謂對公平的追求之中。這似乎成為考試發展過程中的一個傳統〔註 16〕。社會需要昭示公平，便用考試來顯示；其間又必須以統一為標誌，以求社會認可；要達到統一，考試規模又很大，方法就必須是簡便易行的，考試本身是否科學，卻極少有人關心了。

〔註15〕孫紹振：《炮轟全國統一高考體制》，《粵海風》1998 年第 9 期。

〔註16〕最近中國科技大學校長朱清時院士談到當代中國社會文化時的一番話，似可說明我們社會的簡單化傾向。他認為，我們的社會文化就是遇到事情就簡單化，用「指標」作為評價體系。比如說評科研成果，就開始數論文篇數。整個社會容易追求一些浮躁的、容易理解的指標。對人的考察評價簡化到分數一項，也是一種簡單化。參見《南方周末》，2006 年 4 月 13 日。

　　人是世間最複雜的動物，考試作爲人的反身評價，若想達到公允、準確的目標，其本身就是十分複雜的過程，而且有著它獨特的規律。廢除考試也好，「化簡」考試也罷，都是對這種規律的違背。有著幾千年考試歷史的中華民族，理當撥除歷史雲煙，看清考試在人類社會發展中的獨特作用，遵循考試發展的客觀規律，在新世紀創造出以人的發展爲根本取向的嶄新考試文化。

主要參考文獻

一、史籍

1. 楊學爲等主編，中國考試制度史資料選編，合肥：黃山書社，1992。

2. 朱有瓛主編，中國近代學制史料（第一、二、三輯），上海：華東師範大學出版社，1983。

3. 舒新城編，中國近代教育史資料（上、中、下冊），北京：人民教育出版社，1981。

4. 周邦道主編，第一次中國教育年鑒，上海：開明書店，1934。

5. 大公報（1905 年），影印本，北京：人民出版社，1982。

6. 教育雜誌（1909 年 2 月～1920 年），上海：商務印書館。

7. 政府公報（1913 年 2 月～1917 年）。

8. 中國史學會主編，中國近代史資料叢刊（洋務運動、戊戌變法、辛亥革命），上海：上海人民出版社。

9. 中央教科所教育史研究室編，中華民國教育法規選集，南京：江蘇教育出版社，1990。

10. 馮桂芬，校邠廬抗議，上海：上海書店出版社，2002。

11. 張枬等編，辛亥革命前十年間時論選輯（第一卷），北京：三聯書店，1960。

12. 廣東省社科院歷史研究室等合編，孫中山全集，北京：中華書局，1981。

13. 榮孟源主編，中國國民黨歷次代表大會及中央全會資料彙編，北京：光明日報出版社，1985。

14. 金紹先，戴季陶與南京國民政府的高等文官考試，江蘇文史資料第 24 輯，1988.12。

15. 汪振國，國民黨時期的文官制度與文官考試，江蘇文史資料第 24 輯，1988.12。

16. 朱雷章，憶 1931 年我國第一屆高等文官考試，江蘇文史資料第 24 輯，1988.12。

17. 考試院考銓發展委員會，考試院施政編年錄：中華民國 17 年至 23 年（上冊），考試院考銓發展委員會影印。

18. 考試院考銓發展委員會，考試院施政編年錄：中華民國 24 年至 28 年，29 年至 60 年（中冊，下冊）， 考試院考銓發展委員會影印。

19. 夏俊生，貴州縣長考試紀略，貴州文史資料選輯（12 輯），1982。

20. 李立鋼，參加國民黨政府挑選縣長考試的我見我聞，阜寧文史資料（江蘇）（1 輯），1984。

21. 孫清齋，國民黨考試院改組和戴傳賢之死，沅江文史資料（湖南）（1 輯），1984。

22. 徐奠磐，回憶國民黨政府考試院的高等考試，江西文史資料選輯（21 輯），1986。

23. 趙汝言，國民黨政府的考試制度，文史資料選輯（全國政協）（107 輯），中國文史出版社，1987。

24. 謝名溢，參加司法官考試的回憶，貴州文史資料選輯（27 輯），1988。

25. 常好廉，予陝冀晉魯皖銓敘處駐盧期間記略，三門峽文史資料（河南）（3 輯），1990。

26. 楊學爲總主編，中國考試史文獻集成，高等教育出版社，2003 年。

27. 湖北省檔案館、武漢市檔案館有關檔案史料。

二、著作

1. 考試院考銓叢書指導委員會主編，中華民國考選制度，（臺）正中書局，1983。

2. 考試院考銓叢書指導委員會主編，中華民國高普考試制度，（臺）正中書局，1984。

3. 鄧定人，中國考試制度研究，上海：民智書局，1929。

4. 鄧嗣禹，中國考試制度史，（南京國民政府）考選委員會，1936。

5. 沈兼士，中國考試制度史，臺灣商務印書館，1980。

6. 章開沅，章開沅學術論著選，武漢：華中師範大學出版社，2000。

7. 羅福惠，辛亥時期的精英文化研究，武漢：華中師範大學出版社，2001。

8. 章開沅、嚴昌洪，辛亥革命與中國政治發展，華中師範大學出版社，2005。

9. 嚴昌洪，中國近代社會風俗史，杭州：浙江人民出版社，1992。

10. 朱英主編，辛亥革命與近代中國社會變遷，華中師範大學出版社，2001。

11. 朱英，轉型時期的社會與國家， 華中師範大學出版社，1997。

12. 錢穆，國史新論，北京：三聯書店，1998。

13. 陳茂同，中國歷代選官制度，上海：華東師大出版社，1994。

14. 何懷宏，選舉社會及其終結——秦漢至明清歷史的社會學闡釋，北京：三聯書店，1998。

15. 謝青、湯德用主編，中國考試制度史，合肥：黃山書社，1995。

16. 劉海峰等，中國考試發展史，武漢：華中師範大學出版社，2002。

17. 張仲禮著，李榮昌譯，中國紳士——關於其在 19 世紀中國社會中作用的影響，上海：上海社會科學出版社，1991。

18. 廖平勝等，考試學，武漢：華中師範大學出版社，1988。

19. 孫文良，中國官制史，臺北：文津出版社，1994。

20. 金諍，科舉與中國文化，上海：上海人民出版社，1990。

21. 徐矛，中華民國政治制度史，上海：上海人民出版社，1992。

22. 王亞南，中國官僚政治研究，北京：中國社會科學出版社，1981。

23. 孔慶泰等，國民黨政府政治制度史，合肥：安徽教育出版社，1994。

24. 羅志田，權勢轉移——近代中國的思想，社會與學術，武漢：湖北人民出版社，1999。

25. 楊天宏，中國的近代轉型與傳統制約，貴陽：貴州人民出版社，2000。

26. 楊國強，百年嬗蛻——中國近代的士與社會，上海：上海三聯書店，1997。

27. 楊學為，中國考試改革研究，北京：北京大學出版社，2002。

28. 任爽、石慶環，科舉制度與公務員制度——中西官僚政治比較研究，北京：商務印書館，2001。

29. 魯鵬，制度與發展關係研究，北京：人民出版社，2002。

30. 徐有守，中外考試制度之比較，臺灣中央文物供應社，1984。

31. 唐進等，中國國家機構史，瀋陽：遼寧人民出版社，1993。

32. 王炳照等，中國科舉制度研究，石家莊：河北教育出版社，1998。

33. 桑兵，晚清學堂學生與社會變遷，上海：學林出版社，1995。

34. 閻步克，士大夫政治演生史稿，北京：北京大學出版社，1996。

35. 閻步克，察舉制度變遷史稿，瀋陽：遼寧大學出版社，1997。

36. 湖北大學中國思想文化史研究所，中國文化的現代轉型，武漢：湖北教育出版社，1995。

37. 白鋼主編，中國政治制度史（上，下卷），天津：天津人民出版社，2002。

38. 邱寶林，吳仕龍，中國歷代官員考核，昆明：雲南教育出版社，1996。

39. 關海庭主編，中國近現代政治發展史稿，北京：北京大學出版社，2000。

40. 龔書鐸主編，中國近現代文化概論，北京：中華書局，1997。

41. 王先明，中國近代社會文化史論，北京：人民出版社，2000。

42. 〔美〕邁克爾‧羅斯金等著，林震等譯，政治科學，北京：華夏出版社，2001。

43. 王先明，近代新學——中國傳統學術文化的嬗變與重構，北京：商務印書館，2000。

44. 復旦大學歷史系編，中國傳統文化的再估計，上海：上海人民出版社，1987。

45. 謝俊美，政治制度與近代中國（增補本），上海：上海人民出版社，2000。

46. 〔美〕易勞逸著，陳謙平譯，流產的革命：1922～1949年國民黨統治下的中國，北京：中國青年出版社，1992。

47. 曹志主編，各國公職人員考試任用制度（上、下），北京：北京大學出版社，1993。

48. 楊百揆，西方文官系統，成都：四川人民出版社，1985。

49. 孫書賢等，公務員制度比較研究，石家莊：河北人民出版社，1993。

50. 郭湛，人的活動效率，北京：人民出版社，1993。

51. 〔美〕阿瑟‧奧肯著，王忠民等譯，平等與效率，成都：四川人民出版社，1988。

52. 錢穆，中國文化史導論，北京：商務印書館，1994。

53. 馬敏，官商之間——社會劇變中的近代紳商，天津：天津人民出版社，1995。

54. 啓功，張中行，金克木，說八股，北京：中華書局，1994。

55. 劉海峰，科舉考試的教育視角，武漢：湖北教育出版社，1996。

56. 馮天瑜，何曉明，周積明，中華文化史，上海：上海人民出版社，1990。

57. 郭齊勇，文化學概論，武漢：湖北人民出版社，1990。

58. 楊學爲總主編，中國考試通史，北京：首都師範大學出版社，2003。

三、論文

1. 李濤，一次悲劇性的制度移植——南京國民政府文官考試制度述論，中共浙江省委黨校學報，2000.6。

2. 經盛鴻，徐俊文，南京國民政府高等文官考試制度述論，南京師範大學學報（哲社版），1994.2。

3. 張皓，從兩次高考觀察國民政府的考試制度，學術研究，1999.9。

4. 高耀明，民國時期高校招生制度述略，高等師範教育研究，1997.4。

5. 經盛鴻，孫中山與中國文官制度的近代化， 南京師範大學學報（哲社版），1998.2。

6. 關學增，近代中國官員選任制度及其得失，史學月刊，1997.5。

7. 孫立平，科舉制：一種精英再生產的機制，戰略與管理，1996.5。

8. 馮敏，民國文官考試制度的確立及其影響，中國考試制度史專題論文集，高等教育出版社，1999。

9. 柯絳，抗戰時期中國高等教育的招生和考試， 中國考試制度史專題論文集，高等教育出版社，1999。

10. 張海梅，北洋政府時期的知事試制度述略， 中國考試制度史專題論文集，高等教育出版社，1999。

11. 房列曙，南京國民政府的高等學校考試制度初探，中國考試制度史專題論文集，高等教育出版社，1999。

12. 張耀翔，新法考試，平民教育（41～42），1921.11。

13. 許揚本，我國現行考試制度述評，勝流（7 卷），1948， 江蘇文史資料第 24 輯，1988.12。

14. 〔美〕韓明士， 社會變動性與科舉考試，江西社會科學，1989.6。

15. 謝青，略論清末民初留學畢業生考試，安徽師範大學學報（哲社版），1992.2。

16. 黃新憲，國民政府時期中小學校及教師的考試規則，教育論叢，1992.2。

17. 傲瑜，國民政府時期的文官和文官考試制度，浙江檔案，1993.12。

18. 馮敏等， 文官考試制度述略，民國檔案，1993.2。

19 廖平勝，論中國古代文官考試制度的演變與中國現代公務員考試制度的形成（上、下），華中師範大學學報（哲社版），1991 專輯。

20. 胡慶啓，回憶舊中國的文官考試，北京：團結報，1988 年 3 月 19 日。

21. 蕭功秦，從科舉制度的廢除看近代以來的文化斷裂，戰略與管理，1996.4。

22. 秦暉，科舉官僚制的技術、制度與政治哲學涵義，戰略與管理，1996.6。

23. 葛劍雄，科舉‧考試與人才，載人才與經濟、社會發展，東南大學出版社，1996。

24. 羅志田，清季科舉制改革的社會影響，中國社會科學，1998.4。

25. 吳建華，科舉制下進士的社會功能，蘇州大學學報，1994.1。

26. 劉紹春，論中國官文化與科舉制，瀋陽師範學院學報，1999.1。

27. 劉海峰，科舉制——中國的「第五大發明」，探索與爭鳴，1995.6。

28. 劉海峰，科舉制長期存在原因析論，廈門大學學報，1997.4。

29. 朱契，中國考試制度，東方雜誌（24：20），1927.10。

30. 陶希聖，科舉制的意義，春潮（卷一，2 期），1928.12。

31. 顧頡剛，中國考試制度史序，燕京大學圖書館報（89 期），1936.4。

32. 潘光旦，費孝通，科舉與社會流動，社會科學（清華，4：1），1947.10。

33. 袁立春，論廢科舉與社會現代化，廣東社會科學，1990.1。

34. 文言，胡丙辰，科舉制度的沒落和中國近代學校內部考試制度的形成，運城高專學報，1991.3。

35. 孫玉芝，略論中國封建社會的人才思想及官吏選拔制度，求是學刊，1992.4。

36. 黃新憲，中國考試的歷史發展及主要特色，中國教育學刊，1992.6。

37. 張祥平，同源同功同構的兩類經濟系統：科舉競爭系統和市場競爭系統，數量經濟技術經濟研究，1993.11。

38. 焦爲民，歷史選官制度的啓示，開封大學學報（綜合版），1995.3。

39. 黃新憲，傳統考試文化利弊考，山東教育科研，1996.3。

40. 胡平，試論科舉對中國古代政治制度的影響，南京大學學報，1997.1。

41. 張亞群：科舉革廢與中國高等教育近代化，廈門大學博士論文，2000。

42. 胡雲：中國高校招生考試制度變革的理論思考，廈門大學碩士論文，1995。

43. 薛成龍：近代中國高校招生考試研究，廈門大學碩士論文，1999。

44. 田建榮：中國考試思想史研究，廈門大學博士論文，2001。

45. Leonard S.HSU：Sun Yat-sen：His Political and Social ideals.University Park,Los Angeles：University of Southern California Press,1933.

46. Ssu-yu Teng："Chinese Influence on the Western Examination System." Harvard Journal of Asian Studies,No.7（1943），pp.267～312.

47. Mark W .Huddleston and William W.Boyer： The Higher Civil Servics in the United States：Quest for Reform. Pittsburgh：University of Pittsburgh Press,1996,p.20 .

後　記

　　這是以我的博士論文爲基礎形成的一本小書，旨在通過民國時期考試制度的演變和實施情況的研究，揭示中國考試發展的一些規律，尋求對當今考試運行的有益啓示。由於考試本身是一個複雜的問題，在有著悠久考試文化傳統的中國尤其複雜，這本歷時七年、寫於工作之餘的小書能說明什麼問題，是否能達到預期目的，我不敢肯定。好在書已寫完，就由大家去評說了。

　　選擇考試作爲我研究的領域，與我個人經歷和工作職責密切相關。1987年，我從華中師範大學中文系畢業，分配在湖北省自學考試辦公室工作，從此與考試這一複雜的「東西」相磨相纏二十多年，先後在考試招生各個環節摸爬滾打過，絕大部分時間與考試緊緊地連在了一起。爲了對這種影響了很多人命運的職業有更多的瞭解和把握，爲了對自己和所有關心我的人有所交待，我以一個在職考試工作者身份，在1996年重返桂子山學習考試理論，2000年又拜師於華中師大近代史研究所，試圖撩開歷史的雲煙，看一看考試曾經的面目，以得到有益於今天考試發展的啓示。

　　這個漫長而艱苦的過程中的苦樂酸甜，我心自知。苦在業餘，工作之餘，家事之餘，這一「餘」，就必須「餘」去所有的閒暇，所有的娛樂，心無旁鶩，亦去他求。考試機構的忙，其實很容易爲外界所理解，只要看一看考試日程安排就可知道，當前國家的統一考試幾乎都安排在周六和周日進行，考試工作者幾乎是沒有節假日的；而且，考試工作的這個「忙」，還忙得十分瑣細，難以向外人道盡。能夠用於學習的「餘」，其實只剩下晚間。碩士畢業後，我考取博士研究生，那年小兒亦入小學。每日下班之後，他做作業，母親和愛妻做家務，我看資料。小兒入睡，我方能正式開始，而每至此時，倦意已如

夜色，悄然襲來。如此掙扎之中，屢經爭取，終於在六年後與他一同畢業。其間，我所敬愛的父親和岳父先後遽然去世，我常念想，他們對我讀取學位從未熱切地表示過支持，每每只叮囑要注意身體。工作十幾年了還這樣念書，是否有拂他們的希望？可是轉念再想，他們的一生，又何嘗不是自學不輟的一生？家中的一縷書香，不正是父母長輩們苦心維護的嗎？回頭再看家裏那個全日制學生每天埋頭在作業堆裏，心中亦生不忍，便漸漸明白了他們的真意。我沒有顯赫的家世，但這點自強不息的種子，我卻備加珍惜，也注定了我必須努力做一個火把，火以薪傳。

　　讀書肯定有苦，苦樂甘甜，但苦畢竟只占四分之一，餘者大多為樂，雖然它們有來有去，還總落在苦之後。我的業餘學習，其樂有三：第一樂屬自娛自樂，如同開闢了一塊「自留地」，在物欲橫流的當下，關上小柵欄，稍稍擋一擋那些先令你眼花後讓你疲憊的種種誘惑，種點小花小草，雖需用汗水澆灌，卻可一賞再賞，自有芬香。第二樂在「順生」。張中行先生大著《順生論》講了許多深刻的道理，我用這二字字面的意思，順生即隨性，隨性則益身，誰都知道在這場那場中是無法舒筋展骨的，翻點閒書、寫點小文，就權當是健身之道了。第三樂則是解惑。著名考試學家廖平勝先生曾為拙著《考試的實踐與探索》賜序，題名即為「為不惑而探索」。他認為由於考試的特性所決定，考試工作者「作為考試活動的主體，具有理想和行動、認識和實踐的雙重屬性，實際上是『一身而二任』，他既是考試實踐主體，又是考試認識主體；既是研究探索著的實踐者，又是實踐著的研究探索者。」實踐需探索，所得又可用於實踐，反覆中有沮喪，有竊喜，有低徊，有欣然，相信是許多人都曾體驗過的。為不惑而探索既然是責任，又自有其樂，何樂而不為？其實從這一點看，我的學習是與工作結合很緊的，所謂業餘，只是把「業」延展到我的工餘時間而已。二十年來，正因為秉持這種自苦自樂的勁頭，我才能孜孜矻矻，為不惑而探索，為實現廖平勝教授所期許的建立「根源於中國考試實踐、為中國考試實踐確證、符合民族文化傳統和中國國情的考試理論」而探索。

　　這個探索的過程當然是十分漫長的，以我的愚鈍，還很難看到比較滿意的結果。好在有嚴師，有友朋，有很多助我的人。在中國近代史研究所讀書，業師嚴昌洪先生始終給我以關心和鼓勵，博士論文從選題到成文，都是在他的悉心指導下完成的。書成之後，他又撥冗賜序。溫和的嚴先生用鉛筆在我

的論文初稿上寫下的字迹，筆畫很輕，但會永遠刻在我的心裏。中國近代史研究所的創建者章開沅先生是歷史學領域的巨擘，幾十年來培養了眾多精英。能夠忝列章門，我深感幸運，又常恐有愧師門。尤其令我感動的是，章先生以八十高齡參加了我的論文開題和答辯，他寬廣的胸懷、宏闊的視野、精闢的論述、精到的指點，使我深受點化。還有馬敏教授、羅福惠教授、朱英教授、陳鋒教授、彭南生教授、劉偉教授、何建明教授等良師，都曾給我教誨，促我長進。他們給我的指點和分析每每使我茅塞頓開，頗受啟迪。華中師大教育學院的喻本伐教授，科研和教學任務都相當重，仍抽時間審閱了我的論文。特別令人感動的是，喻先生還對全文從框架結構到標點符號的使用都提出了寶貴的意見，使我受益匪淺。博士受業幾年裏眾多先生們的教導，刻骨銘心，已成為我一生的財富，並將永遠催我奮進。

還要感謝主持論文答辯的歷史學家、湖北大學副校長周積明教授和我至今不知姓名的評審專家。周先生不僅撥冗主持答辯會，而且在答辯前後還給予我許多指點。按華中師大的規定和教育部的規定，國家重點學科的博士論文一律送到校外的重點學科單位專家匿名評審，我至今不知姓名的幾位專家，對論文成績一致評定為 A（優秀），並在給予論文較高評價的同時，提出了中肯的修改意見。2007 年，論文被華中師大推薦參加湖北省優秀博士論文評選，又是我至今不知姓名的專家們對論文給予了較高的評價，將之評定為「湖北省優秀博士論文（第九批）」。我不知道他們能否看到這本小書，只能在此表達我深深的感激之情。

我的碩士導師廖平勝教授在論文選題和資料查詢時給予我許多關心和指點，可惜的是，英年早逝的他已看不到此書的出版了。我的師弟胡甲剛、湖北衛視副總監楊俊倫等朋友，熱情地幫我查詢資料；華中師大歷史文化學院的龐華君老師和曾浩、黎美東、胡甲剛、錢道賡等我的碩士師兄弟們，也給予我許多幫助。涂文學、鄭成林、李衛東、胡國祥、何卓恩、孫麗娟、江滿情、許小青、王永恒、洪振強等一同「攻博」的師兄弟們，相聚時間有長有短，他們給我的啟發和幫助卻是一樣令人難忘的。還有華中師大研究生處的朋友們——洪華珠、覃紅、羅怡平、詹義虹、汪昌海、張軍等，他們忍受著我的延宕，給我這個大齡學生許多耐心的幫助。我的同事高媛、袁芬等在資料查詢、文字打印等方面給我以很大支持。這些朋友們的幫助，常令我感動莫名。

　　我尤其不能忘懷的是，2003 年我到臺北訪問，臺灣大學入學考試中心的師長們給予了許多無私的幫助，大考中心顧問任拓書先生、譚天賜先生聽說我在做民國考試研究，都熱情指點我查詢資料的路徑；譚先生還專門引見了臺灣「考試院」秘書長蔡良文教授，蔡先生當即以《中華民國九十年考選制度》一書相贈，爲本書的寫作提供了寶貴的資料。在臺北國父紀念堂，我借同伴們參觀時一頭札進資料室翻查資料，由於時間有限，一時摸不著頭腦的我當時很有點著急，難免手忙腳亂，值班的吳玲玲小姐見狀後熱情地幫助我查找和複印。我常想，這樣一本小書竟彙聚著眾多師友們的關心和支持，翻撿起來，也不禁多了一分凝重。

　　湖北省教育廳李懷中、徐金山、高長舒、何澤雲、胡靜等對本項研究給予了大力支持；本項研究被列爲湖北省高校人文社會科學研究「十五」重點項目，得到了湖北省教育廳的資助。我供職的湖北省教育考試院江暢等領導，對我的研究也十分關心。湖北大學副校長鄢明明教授、中南民族大學程克夷教授對論文也提出了寶貴的意見。本書的公開出版，得益於湖北招生考試雜誌社社長羅金遠博士的大力支持；湖北人民出版社易學金編審爲本書的校正錯漏付出了辛苦努力，陳俊先生爲本書的裝幀設計付出了許多心血。在此一併致以誠摯的謝意！

　　章師開沅先生常說，歷史是已經畫上句號的過去，史學是永無止境的遠航。年已不惑而仍心惑重重的我，自當明白學無止境的道理，以此自勉自勵，努力克服身上的怠惰，不斷學習，永遠學習。

胡向東

2008 年 2 月於武昌東湖之濱

再版後記

　　本書脫稿於 2006 年，初版於 2008 年，一晃已過了六年。此次再版，只是修正了某些明顯的錯誤，並未作全面的修改和補充，只能說是舊作重印，照理不必有再版後記。但由於這次再版正值中國高考改革討論熱潮之中，目睹考試改革的又一個輪迴重啓，頓生談點感想之念，以爲後記。

　　悠久的發展歷史，並沒有爲考試在中國的演進帶來平坦的道路。從漢武帝舉行文學賢良考試算起，以制度形態出現的考試，在中國已有二千一百多年的歷史了。在這段不能算短的歷史中，我們一再上演考試的增與減、統與分、存與廢的活劇，社會和民眾的「戀考心理」——對考試既恨又愛、難以割捨的情結，也一直「濃得化不開」。進入近代以來，由於社會轉型的逐步加快，人的主體意識逐漸覺醒，技術和信息手段的不斷改進，關乎個人命運和社會發展的大規模考試越來越多，考試也爲更多的人們和整個社會所關心、所牽絆。那麼，如果將 20 世紀上半葉這一特定歷史時期中國考試制度波瀾起伏的轉型和重構歷程，完整地加以梳理鈎沈和比證研究，就會更多角度地闡釋中國考試發展演進過程中的多樣性與複雜性，更爲深刻地揭示蘊藏於考試演變發展歷程、不以人的意志爲轉移的考試規律，從而達到以史爲鑒，爲當今之考試改革與發展提供鏡鑒與參考的目的。有史家認爲，歷史就是歷史，它無法爲當代提供所謂借鑒，此說自有其道理；也許是囿於一名考試工作者無時不在的現實感，我卻固執地希望我們的考試革改能夠以史爲鑒，不要像傅斯年所批判的那樣——「歷史是不重現的，而人類之愚偏去重現歷史」！這本書從寫作到重印就是這種努力的一部分，也希望考試改革當局，在激越的改革鼓點之中，能夠更多地關注一點考試制度的因革變遷，稍稍翻檢尚未

發黃的歷史教訓，任他雷聲漫天，仍是謹慎從事。畢竟，考試，特別是高考等大規模的高利害考試，對人和社會發展的影響都太大了。

儘管我對民國考試史的專題研究已告一段落，學術興趣又時有遊移，但我依然堅信民國考試在中國考試制度演進發展中具有特殊重要的地位，它賡續傳統，承前啓後，既破且立，開啓了中國考試文化的現代新篇章。研究中國教育和考試歷史、研究中國社會與文化的學者都不應忽視這一學術領域。希望更多的有識之士，加入到民國考試研究之中。我期待民國考試史研究的理論突破，也樂於接受讀者諸君的批判。

感謝華中師範大學出版社社長范軍先生，花木蘭文化出版社的楊嘉樂、高小娟、許郁翎等諸位老師，沒有他們對學術著作出版事業的熾愛和對本書的謬賞，就不可能有讀者視線中的這本再版小書了。

胡向東附識

2014 年 9 月於武漢